中国古代教育智慧
ZHONGGUOGUDAIJIAOYUZHIHUI

三字经
的教育智慧

吴贻康 著

中国商业出版社

图书在版编目(CIP)数据

三字经的教育智慧 / 吴贻康著 . -- 北京：中国商业出版社，2018.7

ISBN 978-7-5208-0298-7

Ⅰ . ①三… Ⅱ . ①吴… Ⅲ . ①古汉语—启蒙读物 ②《三字经》—研究 Ⅳ . ① H194.1

中国版本图书馆 CIP 数据核字（2018）第 070290 号

责任编辑：王彦

中 国 商 业 出 版 社 出 版 发 行
010-63033100 www.c-cbook.com
（100053 北京广安门内报国寺 1 号）
新华书店经销
天津兴湘印务有限公司
* * * * * *
710 毫米 × 1000 毫米 1/16 开 10.25 印张 110 千字
2018 年 8 月第 1 版 2018 年 8 月第 1 次印刷
定价：35.00 元
* * * * * *
（如有印装质量问题可更换）

目　录

第一部分　王应麟的教育思想 …………………………………… 1
　一、王应麟简介 …………………………………………………… 3
　二、王应麟的教育思想 …………………………………………… 6

第二部分　《三字经》的教育智慧 ………………………………… 9
　一、论教育的必要性和可能性 …………………………………… 11
　二、倡导儿童的德智启蒙 ………………………………………… 12
　三、提出儿童教育的内容 ………………………………………… 14
　四、以史为鉴，教育儿童 ………………………………………… 15
　五、树立榜样，激励儿童 ………………………………………… 16

第三部分　《三字经》选编 ………………………………………… 19
　一、人之初，性本善 ……………………………………………… 21
　　故事：孟母三迁 ………………………………………………… 23
　　故事：窦燕山积善改命 ………………………………………… 26
　　故事：程门立雪 ………………………………………………… 31
　　故事：黄香暖席 ………………………………………………… 34
　　故事：孔融让梨 ………………………………………………… 37
　二、首孝悌，次见闻 ……………………………………………… 39
　　故事：孝悌为仁义之本 ………………………………………… 39

三、凡训蒙，须讲究 50
　　故事：孔子问礼 66
四、经子通，读诸史 69
　　故事：统一华夏之战 70
　　故事：尧舜禅让 74
　　故事：大禹治水 76
　　故事：商汤灭夏 79
　　故事：武王伐商 82
　　故事：烽火戏诸侯 85
　　故事：三家分晋 88
　　故事：楚汉争霸 94
　　故事：王莽篡汉 96
　　故事：饿死的"和尚皇帝" 103
　　故事：孝文帝改革 108
　　故事：黄袍加身 117
五、昔仲尼，师项橐 123
　　故事：项橐三难孔夫子 124
　　故事：官高不忘读《论语》 127
　　故事：路温舒编蒲抄书 128
　　故事：头悬梁　锥刺股 131
　　故事：囊萤映雪 133
　　故事：负薪挂角 136
　　故事：梁灏八十二岁中状元 140
　　故事：李泌赋棋 143
　　故事：蔡文姬六岁辨琴 147

第一部分 王应麟的教育思想

一、王应麟简介

王应麟

王应麟(1223—1296年),字伯厚,号深宁居士,进士出身,是南宋著名的学者、教育家、政治家。他祖籍河南开封,后迁居庆元府鄞县(今浙江鄞县),历事南宋理宗、度宗、恭帝三朝,位至吏部尚书。

王应麟自幼聪明好学,发奋读书,九岁时便通晓《六经》,十八岁时,也就是1241年中进士,调扬州教授,以博学多才名振朝野。

王应麟升迁为太常寺主簿后,为重振国势,向理宗上言,说是淮河一带正受到战争威胁,蜀川地方道路阻滞,沿海官吏也都有藩篱唇齿之忧,军功未集而吝赏,民力既闲而重敛,非是治国的长策。理宗听了凄怆道:"边防事,确很忧虑。"应麟答道:"无事深忧,临事不惧。只要及时预防,不受蒙蔽和欺骗。"可是,朝中大臣丁大全忌讳谈论边防战事,诬告王应麟无事生非,于是王应麟被罢了官。不久,边境打了败仗,王应麟被重新起用,先是任台州通判,以后又召为太常博士。

度宗即位后,王应麟为礼部郎官,起草百官表,按旧制规定上了四道表。到了那天晚上,丞相要他立即增撰三道表,王应麟操笔立就,丞相从皇陵归来,又要他撰三道表章,使者立等要取。王应麟从容地拿起笔来一挥而就,朝臣无不惊服。于是,王应麟兼任直学士

中国古代教育智慧

宋恭帝

宋恭帝赵㬎（1271—1323年），南宋第七位皇帝，宋度宗次子。他是全皇后所生，即位前曾被封为嘉国公、左卫上将军等，谥号恭皇帝，无庙号（一说庙号恭宗）。

院转秘书少监兼侍读。

王应麟经常上疏劝谏度宗克勤克俭，勤政爱民，很得度宗的赏识。但也触怒了宰相贾似道，贾似道每每要赶逐王应麟出朝廷，但又有顾忌。他对包恢说，驱逐王应麟易如反掌，只是此人素著文名，怕天下人说我遗弃学子。他要包恢去警告王应麟，别在度宗面前多言多语。王应麟听了包恢的转告后笑笑说："触犯宰相患小，欺负君王罪就大了。"

以后，王应麟迁起居舍人兼权中书舍人时，时值寒冬，忽然天空雷声隆隆，朝廷震恐，议论纷纷。王应麟见朝廷奸邪当道，便借机说道："这是臣下不遵君王的圣意，奸邪猖狂，致使皇天大怒。"贾似道听了他的话，十分恼恨，决意要把王应麟逐出朝廷。咸淳五年（1269年），贾似道把他放到徽州当了个太守。咸淳七年，又召为秘书监权中书舍人。王应麟见朝中奸邪当道，几次推辞都未准许，以后兼权吏部侍郎。可他忠直之心依旧，又向度宗上书，力陈成败逆顺之说。度宗很不高兴，贾似道又密谋重新把王应麟逐走，恰好王应麟母亲去世。于是，王应麟辞官回家办理母亲的丧事。

恭帝即位（1275年），王应麟授中书舍人兼直学士院。那一年贾似道打了败仗退居扬州，王应麟上书弹劾贾似道在扬州"家畜乘舆，服用御物，有反状，乞斩之"。于是恭帝下诏追究贾似道。王应麟兼同修国史实录院修

三字经的教育智慧

撰兼侍读，以后迁礼部侍郎兼中书舍人，后他又连续上疏，陈备御十策，上疏阻止贾似道一党和贪生奸邪之徒封官进爵，但都未被采纳。于是，他辞官东归，回到家乡鄞县。朝廷虽然几次以翰林学士召他还朝，他见当朝昏庸、奸臣当道、国事日非，便坚决不回朝了。

王应麟历事三朝，不愧是一位忠肝义胆的直臣。不过他在学术上的成就更为卓著。南宋后期由于国事日非，史院无人，凡是封拜将相的词命，皆出自他之手。正如南宋著名学者汤汉所说："我一生见过的人不可谓不多，唯有王伯厚（应麟）才算得上是位真正的学者。"王应麟对经史百家、天文地理都有研究，长于考证。

南宋灭亡后，他隐居乡里，杜门不出，埋头著书立说。明代著名诗人、王应麟同乡黄润玉在他写的《先贤赞》中称颂这位先哲是："春秋绝笔，瑞应在麟。宋祚讫录，瑞应在人，尼父泣麟，先生自泣。出匪其时，呼嗟何及。"他家居二十年，所有著作，只写甲子，不写年号，以示不向元朝称臣。他一生著作甚丰，有《困学纪闻》《玉海》《诗考》《诗地理考》《汉艺文志考证》《玉堂类稿》《深宁集》等六百多卷。他写的《三字经》，是旧时流行甚广、影响很大的启蒙课本。

贾似道

贾似道（1211—1275年），字师宪，天台人。嘉熙二年（1238年）登进士第，时姐为贵妃，获宠理宗。理宗淳祐元年（1241年），改湖广总领。开庆元年（1259年），进右丞相。景定元年（1260年）授少师、二年加太傅。度宗咸淳元年（1265年）授太师。德祐元年（1275年）正月亲出督师，二月，罢官、贬逐，八月，为监送官郑虎臣擅杀于漳州。未久，宋亦亡。

二、王应麟的教育思想

（一）重视道德教育的重要意义

王应麟从唯心主义观点出发，认为人降临于世就具有一种善良的"德性"，即具备了所谓"五常"——仁、义、礼、智、信。既然人本身就有这些善良之性，在现实生活中为什么有的人为"善"，有的人为"恶"呢？这是因为"习相远"的缘故，历代儒家认为，这是因为"及其长也，知识渐开，世情已晓，或因物欲所蔽，为七情所染，或因贪嗔痴爱以丧其德，而放旷为非，遂无所不至矣"，是由于每个人"操存省察而学习之不同也"，并进一步认为"习于善者，引其所善，自然日进于高明，则为贤、为智、为君子。习于恶者，引其所恶，自然日流于污下，则为愚、为不肖、为小人"。在后面的文字里，王应麟进一步明确指出："玉不琢，不成器；人不学，不知义。"

王应麟用极为简明的文字，极其深刻地论述了重视道德教育的重要意义，而且进一步认为，进行道德教育的重要意义还在于宜早不宜迟，使原本明如镜的"心"不致于"一旦尘埃污垢闭了光明"，不使"幼稚之性移于不善也"。

这种观点对我们今天还具有十分重要和积极的借鉴作用。

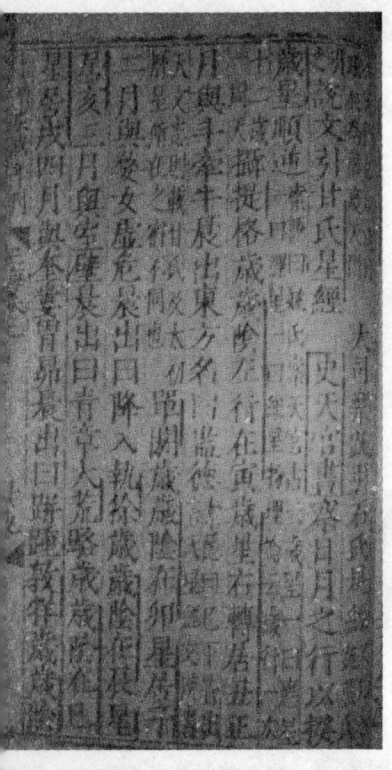

《玉海》明清递修本

（二）强调环境在家庭教育中的作用

王应麟强调客观环境在教育中的重要作用，这一观点为古今中外历代教育家所重视。中国封建社会的儒家尤其重视环境对人修身养性的影响，如古人提出的"近朱者赤，近墨者黑"；"染于苍则苍，染于黄则黄"。

王应麟根据儿童的特点，用形象的、直观的文字同样阐述了环境对儿童道德修养的重要作用，曰："昔孟母，择邻处。"这就是历史上著名的"孟母三迁"的故事。说的是孟子少时，父早丧，其母一心培养孟子，由于"居住之所近于墓，孟子学为丧葬，踊痛哭之事"。孟母认为这不是理想的教子之居，故而迁到闹市，然又因为其居靠近屠场，孟子由于受其影响，"学为买卖宰杀之事"，孟母又认为"亦非所以居也"，继而迁于学宫之旁。由于学宫每月朔望，官员入文庙，行礼拜、揖让、进退，孟子见了，一一习记，后来终成大儒，被后世尊为"亚圣"。

孟母三迁

（三）提出家庭教育的作用和重要性

在以家庭为本位的古代社会中，中国传统教育思想特别重视家庭教育的作用和重要性。

在《三字经》中，王应麟用了较大篇幅，论述了家庭教育对儿童道德形成和发展的特殊作用和重要性。

如：孟母"子不学，断机杼"；"窦燕山，有义方，教五子，名俱扬"；"养不教，父之过"等。

中国古代教育智慧

百善孝为先

"百善孝为先",中华民族的孝文化历史悠久,源远流长。在传统文化中,孝文化最受推崇。孝文化萌芽于尧舜的宗法、农经时代,距今已有四千多年的历史。

"孝"在古代具有"修身齐家治国平天下"的价值。只有在家孝敬父母,在外才能忠于国君。修身,才会齐家,也才能治国平天下。

(四)推崇以"孝悌"为本的道德教育

以"孝悌"为本的道德教育思想,最早为孔子提出,他说:"弟子入则孝,出则悌,谨而信,泛爱众而亲人,行有余力则以学文。"孔子认为,为了实现"仁"的教育,"孝悌"应作为"仁"的教育根本。

王应麟继承和推崇孔子这种"孝悌"的道德本位思想。认为:"首孝悌,次见闻,知某数,识某文。"王应麟认为,"孝"是各种道德规范的根本,贯穿于人的行为始终,从侍奉顺从父母,到治国安邦,由君主到平民都离不开孝。"悌"主要指尊敬兄长。孝顺父母和尊敬兄长应作为优良的道德传统发扬光大。

(五)注重"立志"和精神陶冶

王应麟很注重对其学子进行道德教育,注重"立志"和百折不挠的精神陶冶。所谓"志"就是"心之所之(止)",立志就是确立目的和理想,使一个人有明确的努力方向,以充分发挥他的主观能动性。

这些观点在王应麟所著《三字经》中,通过选用大量勤学苦读的历史故事,得到了充分的体现。

当然,这些勤学苦读的目的是为了个人的功名利禄,是为了"扬名声,显父母,光于前,裕于后"。在今天,我们应当摒弃和批判,但就其所反映出的那种"发愤忘食"的坚忍不拔的意志和精神,是值得我们效仿和继承的。

第二部分 《三字经》的教育智慧

一、论教育的必要性和可能性

《三字经》是我国元、明、清时期广泛流传的蒙学识字课本，是古代蒙学教材中最有代表性的一种。历经元、明、清三代，久盛不衰，不但成为启蒙教育的基本教材，而且在社会上广泛传播，达到了家喻户晓、妇孺皆知的程度。全书的主旨在于传授儿童做人的基本道理和一些历史文化常识，同时启发学生要勤奋学习，指出学习对于人的一生具有极其重要的作用。

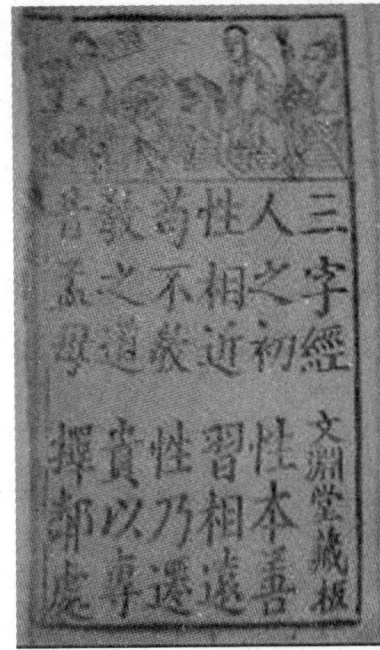

《三字经》书影

《三字经》内容大都采用韵文，三字一句，四句一组，如诗一般，整体具有独特的美感，体现在外在形式上，如精练齐整的建筑美、韵律和谐的音乐美、辞雅对工的绘画美及优美流畅的书法美；内容方面主要体现为史事丰富的意蕴美和似兰如松的品行美。

《三字经》开篇为"人之初，性本善"，然后论述教和学的重要性。从性善论出发论述教与学的必要性和可能性，是孟子以来儒家传统的教育思想和逻辑。它在唯心主义的形式中，包含着大量合理的内容和有益的经验。《三字经》里有些话说得十分深刻，确实能打动人心，因而成了广泛传诵的格言，至今仍不失其教育意义。

中国古代教育智慧

孔融让梨

二、倡导儿童的德智启蒙

《三字经》的第二部分介绍儿童须知的封建伦理道德以及基本的数目和名物知识。这是根据孔子"弟子入则孝,出则悌,谨而信,泛爱众而亲仁,行有余力,则以学文"的要求,对儿童进行德智两方面的启蒙教育。

在德育方面,主要讲封建的"三纲、五常、九族、十义",今日儿童教育自不可取。但是像"为人子,方少时,亲师友,习礼仪。香九龄,能温席,孝于亲,所当执。融四岁,能让梨,弟于长,宜先知"等话,今天仍有批判继承的意义。如果我们不拘泥于"温席""让梨"的具体情节,也抛弃旧时礼仪的等级内容,而是吸收其中积极的意义,加强对儿童的礼貌和行为规范教育,以及友爱他人的教育,不也是很有意义的吗?

在智育方面,这部分介绍了一、十、百、千、万数目,及"三才、三光、四季、四方、五行、六谷、六畜、七情、八音"等各方面知识。

以数字概括出某一方面的内容,极便于儿童记忆背诵。而且内容浅近,文字通俗,切合儿童启蒙需要,适应初入学儿童智力发展水平。如:

一而十,十而百。

百而千,千而万。

三才者,天地人。

三光者，日月星。

相比于其他蒙学教材，《三字经》在介绍名物时，往往顾及儿童学习能力，并不只是简单地罗列大量名词，又避免了介绍名物不够完整、集中的问题。例如关于家畜，《三字经》把"马牛羊，鸡犬豕"概括为"六畜"介绍给儿童，也便于儿童掌握。

六畜图（剪纸）

入学者

三、提出儿童教育的内容

　　《三字经》的第三部分提出蒙学教学内容，介绍"四书""六经""五子"。这部分内容，其他的蒙学教材是没有的。它提出分阶段读书的目标和要求，起着动员儿童努力读书学习的作用。它介绍古代学者及其著作，对于普及文化典籍知识起了积极的作用。如：

　　凡训蒙，须讲究。
　　详训诂，明句读。
　　为学者，必有初。
　　小学终，至四书。
　　……
　　孝经通，四书熟。
　　如六经，始可读。
　　诗书易，礼春秋。
　　号六经，当讲求。

四、以史为鉴,教育儿童

《三字经》的第四部分,讲述历史,主要介绍历史上的朝代兴替和帝王世系。这部分内容约占《三字经》总篇幅的四分之一,而且随着时间的发展,新的刊本又几次补进了近现代内容。我国有重视历史的传统,学习历史对于增强民族自信心和凝聚力、弘扬民族文化传统,起着十分重要的作用。虽然按照古代学校课程安排,读史是大学的任务,在蒙学阶段(小学),根据儿童接受能力,不要求学生去读史、汉、纲鉴等历史著作,但不是说蒙学里就不要向儿童进行历史知识的教育了。相反,从《三字经》的内容看,儿童初入学就在对他们进行最基本的历史教育了。《三字经》也起过向社会上广大群众普及历史知识的作用。这一教育经验和传统,很值得我们借鉴。

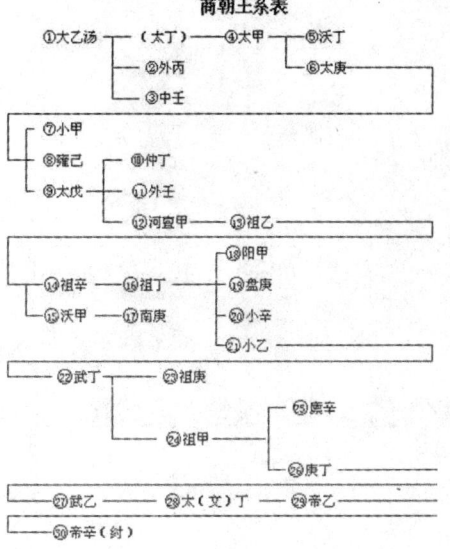

商朝王系表

中国古代教育智慧

锥刺股

五、树立榜样，激励儿童

《三字经》最后强调学习的态度和目的。讲述了历史上一连串的奋发勤学取得成就的人物故事，勉励儿童努力学习，做一个有所作为的人。虽然其指导思想是"学而优则仕""显亲扬名""光前裕后"等一套封建主义的人生哲学。可是所讲的故事多具有启发性，具有鼓舞儿童奋发向上的作用，而且在社会上广泛传播，成为我国民族精神的一个重要组成部分。可以说，《三字经》既是一部儿童识字课本，同时也是作者论述启蒙教育的著作。如：

昔仲尼，师项橐。
古圣贤，尚勤学。
披蒲编，削竹简。
彼无书，且知勉。
头悬梁，锥刺股。
彼不教，自勤苦。
如囊萤，如映雪。
家虽贫，学不辍。
如负薪，如挂角。
身虽劳，犹苦卓。
犬守夜，鸡司晨。
苟不学，曷为人？
蚕吐丝，蜂酿蜜。
人不学，不如物。
幼而学，壮而行。

把识字教育同知识、思想教育结合在一起,是我国编写蒙学教材的好传统。《三字经》既是蒙学里启蒙识字的课本,同时又担负了向儿童进行知识和思想教育的任务。从知识和思想教育来说,知识教学占的比重更大一些。思想教育内容,除了进行儒家一般的三纲五常、九族十义的宣传外,主要是进行勤勉读书、学习做人的教育,同本书识字和知识教育的任务结合紧密,适合初入蒙学儿童的特点。宋代理学盛行,南宋理宗以后,理学被奉为官方正统思想,朱熹被捧了出来。纵观《三字经》全书,无一语搀入理学性命天理,主敬灭欲的说教,显得比较亲切,这是难能可贵的。

总之,无论就内容论或就语言论,《三字经》的编写都是十分高明的。《三字经》作为产生和流传于封建社会的蒙学书,同样属于封建文化的范围,其局限性和落后性自不能免。但无论如何,它绝不比庙堂之文、大雅之作更加局限和落后。它能够长久流行,为社会长期接受,其在传授基本知识、进行道德教育、采取易于上口、易于记忆等形式方面,确实有其长处和优势,是不能也不应一笔抹杀的。仅仅在这一点上,即自有其文化史和教育史上的价值。

朱熹

朱熹(1130—1200年),江西婺源人,字元晦、仲晦,号晦庵,别号紫阳。辛缢太师,封信固公,改徽国公。他继承二程,又独立发挥,形成了自己的体系,后人称为"程朱理学"。他是理学的集大成者,中国封建时代儒家的主要代表人物之一。朱熹的主要哲学著作有《四书集注》《四书或问》《太极图说解》《通书解》《西铭解》《周易本义》《易学启蒙》等。此外有《朱子语类》,是他与弟子们的问答录。

第三部分 《三字经》选编

一、人之初，性本善

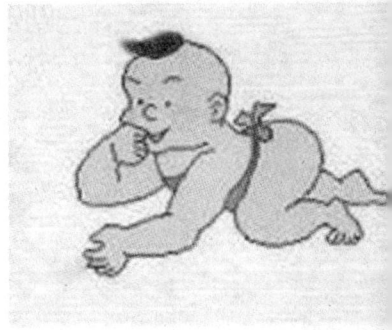

呱呱落地的婴孩

人刚出生的时候，本性是差不多的，只是因为受到各自环境的影响，于是彼此的本性就逐渐相差得远了。

【原文】

人之初①，性本善②。性相近，习相远③。

【注释】

①初：初始，开始，初生。
②性本善：性，本性，天性。善，善良。
③习相远：习，学习。相远，指产生了差别。

【解说】

人在呱呱落地生命刚开始的时候，本性都是善良、纯真的。这善良、纯真的天性原本都是差不多的，但是由于后天的学习和生活环境的不同，就逐渐产生好与坏的差别。

【原文】

苟不教①，性乃迁②。教之道③，贵以专④。

【注释】

①苟不教：苟，如果，假如。教，训诲，教导，引导。
②性乃迁：乃，就，就会。迁，改变，变化。
③道：方法，原则，准则。
④贵以专：贵，崇尚，注重。专，一心一意，专心致志。

【解说】

百年大计，教育为本。教育是头等重要的大事。受教育也可以使人保持并发扬善良的本性，教导孩童最重要的原则，是要能使其专心

中国古代教育智慧

小小读书郎

一致,持之以恒。这样才能成为对社会有用的人才。

孩童如果不及早接受良好的教育,长大以后,善良的本性就会随环境的影响而改变。至于施教的方法,最重要的是要专心一致,有定力。课业的选择,要以专精为主,不要希求广博。

【原文】

昔孟母①,择邻处②。子不学,断机杼③。

【注释】

①昔孟母:昔,以前,以往,古时。孟母,指战国人孟轲的母亲仉氏。

②择邻处:择,选择。邻,附近的人家、居所或环境。处,留止,居住。孟母迁居事,见刘向《列女传·邹孟轲母》。

③机杼:机,织布机。杼,织布用的梭子。这里借指所织的布。事见《韩诗外传·九》及《列女传》。

【解说】

本语以孟母仉氏为了教育儿子而不惜屡次迁居为例,解析环境与教育的关系、父母教育子女的苦心,更为重要的是阐明了坚持不懈的大义。

根据《列女传》记载,孟家原先住在墓园附近,孟子常常效仿别人筑墓为戏,于是孟母迁居到市场附近,孟子又整天学人做买卖,于是孟母又迁到学校旁边,孟子这才跟着别人学习揖让进退的礼节。

从此，孟子就开始努力向学，终于成为一代大儒，被后人尊称为"亚圣"。

【故事】

孟母三迁

孟母三迁

孟子，名轲，字子舆，战国时邹人，是中国历史上一位很了不起的大思想家、大学问家，后人称他为"亚圣"。在人们心目中，他的影响仅次于孔子。

孟子小时候，也和一般的孩子一样，很顽皮，很贪玩，不愿学习，整天和小朋友打打闹闹。他的母亲为了他的教育问题，时常感到苦恼，可说是用尽了苦心。

最初，他们家住在一所墓地的附近。孟子和邻居的小朋友都学会了祭祀。于是，他们在没事可做的时候，便聚在一起，模仿那些出殡送葬的人，又哭又号、又跪又拜的，玩处理丧事的游戏。孟子的母亲发现了以后，连连摇头说："唉！这个地方怎么能继续住下去呢？"

于是他们就搬家了，搬到了一个热闹的集市旁边。这回孟子和邻居的小朋友经常出入市场，甚至在市场里玩，因此很快就学会大人做买卖那一套，你装买主，我装卖主，你吹牛，我夸口，把商人那种招揽客人的模样学得惟妙惟肖。孟子的母亲看了儿子学成这样，又皱眉头，连说："不行，这地方也不行，还得搬家。"于是，她又开始东奔西走。

中国古代教育智慧

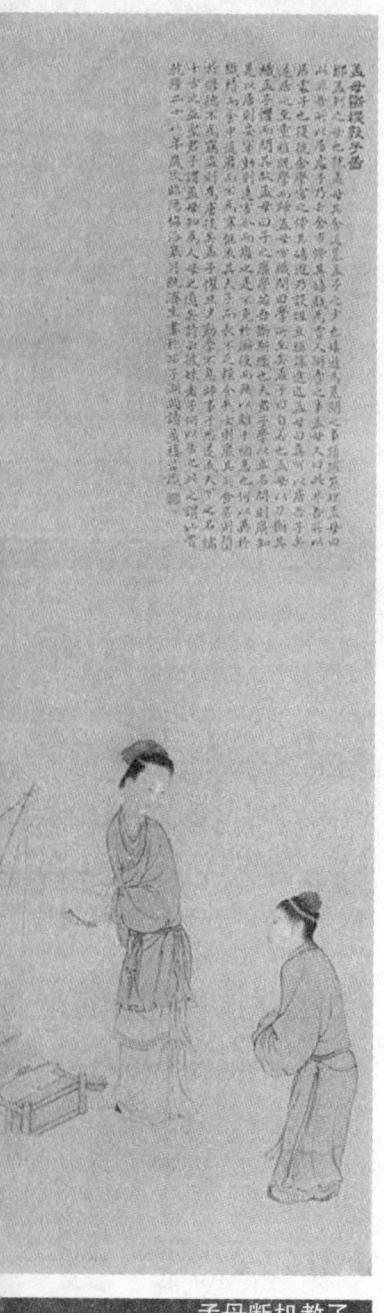

孟母断机教子

这一次,他们母子的新居就在一所学校的附近,孟子耳闻目睹的都是学校中的事,学着和孩子们一起读书,一起游戏。很快,孟子就变成了一个彬彬有礼、勤奋好学的好孩子了。

孟子的母亲看到自己的孩子孜孜不倦地用心读书,会心地笑了,她非常满意这次搬迁,自言自语道:"这才是适合居住的地方啊!"

对于孟子的教育,孟母更是重视。除了送他上学外,还督促他学习。有一天,孟子从老师子思那里逃学回家,孟母正在织布,看见孟子逃学,非常生气,拿起一把剪刀,就把织布机上的布匹割断了。孟子看了很惶恐,跪在地上忙问原因。孟母责备他说:"你读书就像我织布一样。织布要一线一线地连成一寸,再连成一尺,再连成一丈、一匹,织完后才是有用的东西。学问也必须靠日积月累、不分昼夜勤求而来的。你如果偷懒,不好好读书,半途而废,就像这被割断的布匹一样,变成了没有用的东西。"

从这个故事中,我们可以看出孟母确实是一位很了不起的人,她懂得"近朱者赤,近墨者黑"的道理,她深知一个人的才智不是天生的,需要经过后天的学习和锻炼,她重视环境对人成长的重要作用。她的这些教育思想,在哲学上完全符合内因与外因关系的原理。一个人的成才,同一切事物的发展变化一样,内因是根据，外因是条件，内因决定外因，外因又通过内因起作用。在一定的条件下，外因的作用甚至是有决定性的。如果没有孟母三迁，说不定孟子还成不了"亚圣"呢！

亚圣孟子

中国古代教育智慧

窦燕山教子

【原文】

窦燕山①，有义方②。教五子③，名俱扬④。

【注释】

①窦燕山：是指窦禹钧，五代时期蓟州渔阳（今河北省蓟县）人。因为蓟州有燕山，所以用"窦燕山"作为窦氏的代称。

②义方：合乎正义的道理。《左传·隐公三年》："臣闻：爱子，教以义方，弗纳于邪。"

③五子：窦氏有五个儿子，分别叫作仪、俨、侃、偁、僖。

④扬：显扬。

【解说】

以窦禹钧的故事，配合上句分别论述父、母都有教导子女的责任，而父、母的教育方法对于子女的健康成长极其关键和重要。

根据《宋史·窦仪传》所载，窦氏五子相继登科，声望都很高，时号"窦氏五龙"。所以当时冯道有《赠窦十诗》："燕山窦十郎，教子有义方。灵椿一株老，丹桂五枝芳。"

【故事】

窦燕山积善改命

窦禹钧是五代后晋时候的人，住在蓟州，因为蓟州有燕山，所以人们称他为窦燕山。

窦禹钧从小丧父，母亲将他抚养成人。据说他家里非常富有，可是窦禹钧为人心术不正,常欺负穷人。因为他做事缺德,所以到了三十岁,还没有子女。有一天晚上,他梦见已经去世的父亲对他说:"你心术不正,德行不端,再这样作恶下去,不但不会有儿子,而且还会短命。你要赶快改过向善,多积阴德,多帮助人,或许还有挽救的余地。"窦禹钧醒来,把梦中父亲说过的话一一谨记在心,再也不敢做坏事了。

这时,窦家一位仆人,偷了他两万银钱跑了。因害怕追捕,写了一张债券,绑在自己女儿的手上,写明:永卖此女,以抵银钱。窦燕山很怜悯此女,把债券烧了,嘱咐妻子好好抚养孩子,长大后,做主嫁了一个好人家。

窦燕山后半生如此行善很多:亲友无钱办丧事的,他就出钱买棺材帮忙安葬。有女子不能出嫁的,他就出钱资助买嫁妆。他又借钱给穷人做生意。另由他出钱养活的,有几十家之多。为了救济别人,自己的生活非常俭朴,丝毫不敢浪费。每年的收入,除了家里必要的开支外,其余财物都用来救济穷人。甚至在自己的家里设立"义馆",聘请有名的老师来教书,让家里贫穷没办法读书的孩子,都可以来上学。

窦燕山教子图

一次,他在一间客店中,捡到一袋银子,他就在那儿等了一天,等失主回来找的时候,原封不动地还给了失主。

有一天晚上,窦禹钧又梦见父亲对他说:"你现在积了很多阴德,老天会赐给你五个儿

中国古代教育智慧

五子登科

窦燕山教子有方，儿子们也勤勉饱读，相继在科举中取得佳绩，为官朝中，是为"五子登科"。从此"五子登科"成为中国传统的吉祥图画和祝颂词，后又演化为"教五子""五子夺魁""五子高升"等意义相近的吉语。

子，你的寿命也会延长。"窦禹钧醒来后，虽然知道只是一场梦，但是却更加认真修养自己多行善事。后来妻子果然为他生了五个儿子。

窦禹钧十分重视对儿子的教育，教他们圣贤义理与处世态度。他的五个儿子在他的教导之下，相继登科及第，乡里的人无不称颂，他本人也官至谏议大夫，窦禹钧和他五个儿子的名声因此传遍了全国。

一天，他和亲友谈笑时安然而逝，享年八十二岁。

三字经的教育智慧

【原文】

养①不教，父之过；教不严②，师之惰③。

【注释】

①养：教养，养育。这里指物质方面的供给，供应。

②不严：放任，过于宽容，不够严格。

③惰：懈怠，疏懒，怠惰。

【解说】

如果仅仅是供养儿女吃穿，而不好好教育他们，是为人父母的失职。

同理，为人师者不只是传道、授业、解惑，更为重要的是教会学生做人处世的道理，使他们能够与他人和睦相处，做事有方法，活得健康、愉快，并有意义。因此对于学生的教导，要求一定要认真严格，不能偷懒怠惰，唯此才能教出好学生。

【原文】

子①不学，非所宜②；幼不学，老何为③？

【注释】

①子：小孩，儿童。

②宜：应当，适宜。

③老何为：老，年纪大。为，作为。

【解说】

孩童不肯一心向学，是不应该的，人要用心学习，力求上进，只有这样才能成为一个对社会有用的人。品学的好坏对人一生的前途影响非常大。

八龙冢

东汉末期朗陵侯相荀淑墓冢。荀淑八子（俭、绲、靖、焘、汪、爽、肃、专）均为东汉末年和曹魏时期的名士，人称八龙。如荀爽，十二岁通晓《春秋》，自布衣始，九十五天，官至"三公"。荀淑侄子荀昙的孙子荀攸是曹操的谋士，曹操称赞他"军师荀攸，自初佐臣，无征不从，前后克敌皆攸之谋也"。传说荀淑死后，八子在冢顶各植柏一株，也称"八柏冢"。当时颖阴县令为了表彰其教子有方，改其旧居西豪里为高阳里。

29

中国古代教育智慧

习书

学习是成长进步的阶梯,青年人要想在激烈的社会竞争中脱颖而出,成为栋梁之材和高素质的劳动者,就要从现在开始以只争朝夕的精神,持之以恒地刻苦学习。

因为如果在幼小的时候不肯努力用功学习,等到年纪大了,还能有什么作为呢?

【原文】

玉不琢①,不成器②;人不学,不知义③。

【注释】

①琢:雕琢,雕刻。

②器:器皿,器具。

③义:道理。

【解说】

玉石如果不经过打磨、雕琢,就不能成为精美、有用的器物;人也是如此,如果不努力学习,就不能知晓做人处世的道理,也就不能成才。

一个人的成才之路如同雕刻玉器一样,玉在没有打磨、雕琢以前和石头没有区别。同理,只有经过刻苦磨炼才能成就一个人。若非一番寒彻骨,怎得梅花扑鼻香?

【原文】

为人子,方少时①,亲师友②,习礼仪③。

【注释】

①方少时:方,正当。少时,年纪小的时候。

②亲师友：亲，接近，亲近。师友，师长和朋友。

③习礼仪：习，学习。礼仪，道理，法度。

【解说】

为人子女的，要趁着年少的时候亲近好的老师、好的朋友，并从他们身上学到更多有益的经验和知识。取人之长补己之短，才能不断地丰富自己的头脑和学识。

近朱者赤

学习的途径和方法很多，我们可以跟随老师学习，也可以和朋友切磋，以学习待人、处事、应对、进退的礼仪。但最重要的是必须把握机会，及早学习，否则一旦养成恶习，要改正也就事倍功半了。

【故事】

程门立雪

北宋时程颢、程颐兄弟是当时颇负盛名的大哲学家。他们有两个学生分别叫作杨时和游酢。杨时当时已四十岁了，他从小好学，经十年寒窗中了进士，做了官，却又悔恨做官不能研修学问，于是就辞官来拜程颢为师，求教理学。程颢过世后，他又拜程颐为师，继续学

中国古代教育智慧

程颐

程颐（1033—1107年），理学家、教育家。字正叔，人称伊川先生，北宋洛阳人。与其胞兄程颢共创"洛学"，为理学奠定了基础。其教育主张和思想对后世教育影响极大。后人曾在他讲学之地设书院以为纪念，如河南嵩阳书院、伊川书院等。其著作被后人辑录为《河南二程全书》《程颐文集》《易传》和《经说》。

业。他立志不学到理学真谛，誓不罢休。

杨时和游酢经常会一起探讨问题。一次他们为了理学的一个问题竟从清晨争论到午时，谁也不服谁，由于没有结果，两人郁郁不乐，心情也无法平静，最后他们决定去请教老师程颐。

求答案心切，两人谁也没想到进餐。赶到程颐家时，杨时和游酢才觉察到自己行为的莽撞。因为此时正是吃完午饭后的午睡时间，他们踮着脚到窗下窥探屋中老师的动静。程颐早用过了午饭，此时正在屋子里睡午觉。

"怎么办？"游酢悄声地问。

"还能回去吗？"

"我们的争论还没有个结果，怎么能回去。"

"那我们在门前等老师醒来吧！"

于是他们静静地站在程颐门前，过了一会儿，突然刮起了大风，下起了鹅毛大雪。雪花在他们头上飘舞，凛冽的寒气，冻得他们浑身发抖。他们坚持站在门外等着，没有离开的意思。

过了好长时间，程颐醒过来了，这才知道杨时和游酢在门外雪地里已经等了好久，便赶快叫他们进去。这时候，门外的雪已经积得有一尺多厚了。

后来，"程门立雪"就成为一个成语，比喻尊师重教。尊师是中华民族的传统美德，有这种美德的学生一定会成长为令人尊重的人。

　　杨时尊敬师长，虚心向老师求教，学业进步很快，最终学到理学真谛，成为北宋著名的哲学家。

程门立雪

中国古代教育智慧

黄香

黄香，字文强，今湖北安陆县人。从小以孝闻名，被载入《二十四孝》，而且还以博学多才著称，连续被汉章帝、汉和帝所重用，官至一品尚书令。

【原文】

香九龄①，能温席②。孝于亲，所当执③。

【注释】

①香九龄：香，指黄香，东汉江夏安陆（今湖北省安陆县）人。九龄，九岁。黄香九岁丧母，事父至孝，乡里称为孝子。见《后汉书·文苑传·黄香》。

②温席：温，暖。席，睡觉时供铺垫的草编织物。此处泛指寝席和被褥。

③当执：当，应当。执，坚持，谨守。

【解说】

黄香是东汉江夏人，他在九岁的时候，就懂得孝敬父母，冬天天冷的时候，他就先将父亲的被子睡暖，再请父亲安睡。类似这种孝顺的行为，是为人子女所应该谨守的本分。

【故事】

黄香暖席

东汉时期，江夏郡有个叫黄香的小朋友，家中生活很艰苦。在他九岁时，母亲就去世了。黄香非常悲伤。他本就非常孝敬父母，在母亲生病期间，小黄香一直不离左右，守护在妈妈的病床前。母亲去世后，他对父亲更加关心、照顾，尽量让父亲少操心。

冬夜里，天气特别寒冷。那时，农户家里又没有任何取暖的设备，确实很难入睡。一天，黄香晚上读书时，感到特别冷，捧着书卷的手一会儿就冰凉冰凉的了。他想,这么冷的天气,爸爸一定很冷,他老人家白天干了一天的活,晚上还不能好好地睡觉。想到这里,小黄香心里很不安。为让父亲少挨冷受冻,他读完书便悄悄走进父亲的房里,给他铺好被,然后脱了衣服,钻进父亲的被窝里,用自己的体温,温暖了冰冷的被窝之后,才招呼父亲睡下。黄香用自己的孝敬之心,温暖了父亲的心。黄香温席的故事就这样传开了,街坊邻居人人夸奖黄香。

黄香扇枕温衾

夏天到了,黄香家低矮的房子显得格外闷热,而且蚊蝇很多。到了晚上,大家都在院里乘凉,尽管每人都不停地摇着手中的蒲扇,可仍不觉得凉快。入夜了,大家也都困了,准备睡觉去了,这时,大家才发现小黄香一直没有在这里。

"香儿,香儿。"父亲忙提高嗓门喊他。

"爸爸,我在这儿呢。"说着,黄香从父亲的房中走出来。满头的汗,手里还拿着一把大蒲扇。

"你干什么呢,怪热的天气。"爸爸心疼地说。

"屋里太热,蚊子又多,我用扇子使劲一扇,蚊虫就跑了,屋子也显得凉快些,您好睡

中国古代教育智慧

懂事的黄香

觉。"黄香说。爸爸紧紧地搂住黄香："我的好孩子,可你自己却出了一身汗呀!"

以后,黄香为了让父亲休息好,晚饭后,总是拿着扇子,把蚊蝇扇跑,还要扇凉父亲睡觉的床和枕头,使劳累了一天的父亲早些入睡。

人们想,这样孝敬父亲的人,一定很爱自己的国家。黄香果然没让大家失望,长大后,人们推举黄香当地方官,在黄香的领导下,家乡的日子越过越好。

【原文】

融①四岁，能让梨。弟于长②，宜先知。

【注释】

①融：指孔融（153—208年）。孔融，字文举，东汉末年鲁国豫州（今山东省曲阜县）人。少有才，善文章，曾任北海郡的宰相，时人称为"孔北海"，与王粲等文学家合称为"建安七子"。

②弟于长：弟，敬爱兄长，同悌。长，指兄长。

【解说】

东汉末年的孔融，才四岁的时候，就懂得礼让兄长，让大的梨子给兄长们吃。

《融家传》说："孔融兄弟共有七人，融排行第六。在他四岁大的时候，有一次和哥哥们一起吃梨子时，他一定拿小的来吃。大人问他原因，他回答说：我是小弟弟，理应吃小的。从此宗族亲友们都对他另眼相看。"这种尊敬兄长、友爱兄弟的美德，是做弟妹的从小就要懂得的道理。

【故事】

孔融让梨

孔融是东汉末年著名的文学家，建安七子之一，他的文学创作深受魏文帝曹丕的推崇。据史书记载，孔融幼时不但非常聪明，而且还是一个注重兄弟之礼、互助友爱的孩子。

孔融

孔融（153—208年），字文举，东汉末年鲁国（今山东曲阜）人，孔子二十代孙。汉献帝时曾做过北海（今山东昌乐东南）相，故人称"孔北海"。自幼聪颖灵悟，胆识过人，开创"以气为主"的文风，名列"建安七子"之首。后入朝，官至太中大夫。对曹操多有非议，为操所杀。

中国古代教育智慧

孔融让梨

孔融还有五个哥哥，一个小弟弟，兄弟七人相处得十分融洽。

有一天，孔融的妈妈买来许多梨，一盘梨子放在桌子上，哥哥们让孔融和最小的弟弟先拿。

孔融看了看盘子中的梨，发现梨子有大有小。他不挑好的，不拣大的，只拿了一个最小的梨子，津津有味地吃了起来。爸爸看见孔融的行为，心里很高兴，心想：别看这孩子刚刚四岁，却懂得应该把好的东西留给别人的道理呢！于是他故意问孔融："盘子里这么多梨，又让你先拿，你为什么不拿大的，只拿一个最小的呢？"

孔融回答说："我年纪小，应该拿个最小的，大的应该留给哥哥吃。"

爸爸接着问道："你弟弟不是比你还要小吗？照你这么说，他应该拿最小的一个才对呀？"

孔融说："我比弟弟大，我是哥哥，我应该把大的留给小弟弟吃。"

爸爸听他这么说，哈哈大笑道："好孩子，好孩子，你真是一个好孩子，以后一定会很有出息。"

二、首孝悌，次见闻

【原文】

首孝悌①，次见闻②。知某数③，识某文④。

【注释】

①首孝悌：首，最先。孝悌，孝顺父母，友爱兄长。

②见闻：指知识，学识。

③数：数字。这里指基本的算术。

④文：文字。

【解说】

一个人首先要学习的是孝顺父母、敬爱兄长的道理，其次才是增广见闻，学习知识，明白数字的变化，并研读古圣先贤的文章，来提高自己。

孝敬父母、友爱兄弟是做人的基础，能文会算是做人的本钱。要使自己成为一个德才兼备的人，就必须从这两点做起。

【故事】

孝悌为仁义之本

我们几乎是在不知不觉地爱自己的父母，这种爱像人活着一样自然，只有到了最后分别的时刻才能看到这种感情的根扎得多深。袁采曾说："孝子事亲，不可使其亲有冷淡心，烦恼心，惊怖心，愁闷心，难言心，愧恨心。"

百里负米

俗话说"百善孝为先"。中国自古就有孝顺的传统，这是"二十四孝"之一的"百里负米"。

仲由，字子路、季路，春秋时期鲁国人，孔子的得意弟子，性格直率勇敢，十分孝顺。早年家中贫穷，自己常常采野菜做饭食，却从百里之外负米回家侍奉双亲。父母死后，他做了大官，奉命到楚国去，随从的车马有百乘之众，所积的粮食有万钟之多。坐在垒叠的锦褥上，吃着丰盛的筵席，他常常怀念双亲，慨叹说："即使我想吃野菜，为父母亲去负米，哪里能够再能呢？"孔子赞扬说："你侍奉父母，可以说是生时尽力，死后思念啊！"

中国古代教育智慧

孔子

孝心是为人之本，中国古代文化中历来提倡对父母孝心的重要性。而这一传统早从孔子时就有了，孔子不仅提倡对父母应有孝心，而且自己也是对父母尽孝的典范。

孔子名丘，字仲尼，春秋鲁国人，父亲叔梁纥，是一饱学之士。孔子三岁时，父亲不幸过世了，由母亲颜氏抚养成人。孔子自幼聪颖过人，而且事母至孝。颜氏为了儿子的将来，特地将当时有名的学者请来教导儿子。在母亲、严师的教导下，孔子把当时所有的书籍册册读通，而且对自身的学术和品德修养，更是不时地注意与求进。所以年轻时的孔子，就已略有名望。后来，孔子在鲁国教学，宣扬仁爱之道，来自各方的学生，多至三千人，有特殊成就的就有七十二人。他教学生是身教重于言教，而且依各人的品性，给予不同的教育方式。并且常常以"不学礼，无以立"来教导学生。另外，孔子还从事著述工作，把伟大的仁爱精神传扬开去。

至于敬爱兄长的典范，则不能不提《资治通鉴》的作者司马光。司马光非常敬爱他的兄长伯康。当司马光退居在洛阳的时候，每次返乡探亲，总会探望兄长，他对哥哥既敬重又倍极关怀。当时伯康已八十岁了，司马光也年事不小，但他侍奉兄长却仍然如同侍奉父亲一样尽心尽力。尤其哥哥体质羸弱，消化不佳，为保康健常需少食多餐，故照顾颇为费神。所以每当吃完饭不久，司马光总会亲切地问候哥哥:"您饿了吗?要不要再吃点东西?"不仅如此,他还随时注意哥哥的衣服是否足够保暖。一旦天气稍稍转凉,就会轻抚着兄长的背,关切地问道:"衣服会不会太薄?会不会冷?"几乎是时时刻刻地关注,就如同照顾婴儿般地无微不至。司马光与他的哥哥伯康二人的友爱之情至今仍是我们学习的榜样。

中国的道德伦理,一般都由家庭伦理推衍而开。相传舜任命契为司徒,教导人伦,首先就是父子有亲,长幼有序。孔氏以后,即以孝悌为仁之本。因为人与人的感情,最先应该从亲人开始。由孝父母,然后及于父母之父母,他人之父母;由爱兄弟及于同族兄弟,进而及于四海之内皆兄弟。人生在世,要做一个仁人君子,没有别的路,只要把孝悌的品德扩充到天下就行了。孝悌就是仁义之本,君子只有先致力于这两个根本,然后才能治国做人。

司马光

司马光(1019—1086年),字君实,号迂叟,是北宋陕州夏县涑水乡(今山西夏县)人,世称涑水先生。身后追赠太师,封温国公,谥文正。著有《资治通鉴》。

中国古代教育智慧

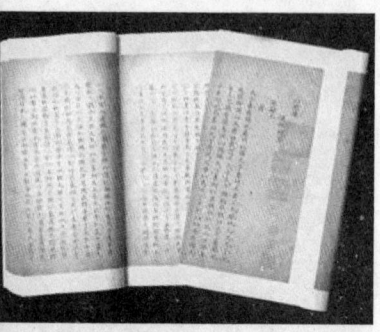

《白虎通义》书影

【原文】

三才①者，天地人。三光②者，日月星。

【注释】

①三才：才的本义是"草木初生"，引申为"基本"的意思。三才是泛指构成生命现象及生命意义的三种基本因素，这里引申为天、地、人三个方面。

②三光：天空中三种有光的物体，即太阳、月亮、星星。

【解说】

古人以为构成生命现象与生命意义的基本要素是：天、地、人。"天"是指万物赖以生存的空间，包括日月星辰运转不息，四季更替而不乱。昼夜寒暑都有一定的次序。"地"是指万物借以生长的地理条件和各种物产。"人"是万物之灵，要顺天地育万物。三种光明的来源是指太阳、月亮和星星。

【原文】

三纲①者，君臣义②，父子亲，夫妇顺③。

【注释】

①三纲：是人际间三种最重要的伦常关系。《白虎通义·三纲六纪》："三纲者，何谓也？谓君臣、父子、夫妇也。"

②义：义务。指各尽其应有的义务。

③顺：和美，和顺。

【解说】

维系人际间三种最重要的伦常关系，就是

君主和臣子要各尽职守，父母与子女要相亲相爱，夫妻之间能相互尊重、和睦相处。

【原文】

曰①春夏，曰秋冬，此四时②，运不穷③。

【注释】

①曰：称作，称为，叫作。

②四时：即春、夏、秋、冬四季。四季的次序，从农历正月到三月，称为春季；从四月到六月，称为夏季；从七月到九月，称为秋季；从十月到十二月，称为冬季。

③运不穷：运，运行，运转。穷，穷尽，停止。

耕作图

【解说】

一年之中春、夏、秋、冬四季各有特色，春生、夏长、秋肃、冬杀，并且不断变化，春去夏来，秋去冬来，如此循环往复，永不止息。

春、夏、秋、冬的更替是因为地球在绕着太阳运转时，有时面向太阳、有时背向太阳、有时斜向太阳，因此有了温度不一样的四季变化。

【原文】

曰南北，曰西东，此四方，应乎中①。

【注释】

①应乎中：应，照应，对应。中，中间，中心，中央。

【解说】

东、南、西、北这四个方向，都以中央为基准互相对应。如果没有中心，就没有东南西

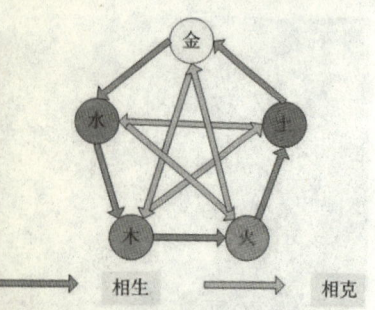

五行相生相克关系图

北,因此中心如果移动了,方向也跟着改变。

【原文】

曰水火,木金①土,此五行②,本乎数③。

【注释】

①金:指金属。

②五行:五种构成万物的基本物质或状态。

③数:指天地的生数与成数。

【解说】

本句阐述了"五行"的含义以及彼此间的相互关系。

古人把木、火、土、金、水作为构成物质的五种基本物质或状态,称之为五行,并将这五行的变化以数学的原理加以归纳,发现它们之间有相生相克的关系,如水生木、木生火、火生土、土生金、金生水是相生的关系,金克木、木克土、土克水、水克火、火克金是相克的关系。

【原文】

曰仁义①,礼智信②,辨五常③,不容紊④。

【注释】

①仁义:仁是爱人惜物的胸怀,义是公正合宜的举动。

②礼智信:礼是合理得体的举止和行为;智是慎思明辨的能力;信是诚实不欺的态度。

③常:指永恒不变的常道、义理。

④不容紊:不可以紊乱。

三字经的教育智慧

【解说】

本句解析仁、义、礼、智、信是人格修养中五种最重要的常道和指导原则。

仁是爱人利物；义是公正合宜，是正正当当的行为；礼者，理也，是规规矩矩的态度；智是慎思明辨的能力；信是诚实不自欺，亦不欺人的态度。如果所有的人都能以仁、义、礼、智、信这五种不变的法则作为处事做人的标准，社会就会永葆祥和，所以每个人都应遵守，不可怠慢疏忽。

【原文】

稻粱菽①，麦黍稷②，此六谷③，人所食。

【注释】

①稻粱菽：稻，稻米，分为粳稻、籼稻及糯稻三大类。粱，即粟、小米。菽，即大豆、黄豆。

②麦黍稷：麦的种类很多，以小麦、大麦为主。黍和稷同类而异种，有黏性的叫作黍，无黏性的叫作稷。

③谷：凡所结的果实可以作为粮食的植物，通称之为谷。

【解说】

中国地大物博，各地气候、风俗、民情不同，因此主食各不相同。稻米、高粱、黄豆、麦、黍（黏米）、稷（不黏）六种谷物是供人类所食用的主食，是我们日常生活的重要食品。

秋收图

中国古代教育智慧

饲养六畜

【原文】

马牛羊，鸡犬豕①，此六畜②，人所饲③。

【注释】

①犬豕：犬即狗，豕即猪。

②畜：家畜。

③饲：饲养，喂养。

【解说】

此句介绍六种最重要的家畜。在动物中有马、牛、羊、鸡、狗和猪，它们叫作六畜。这些动物和六谷一样本来都是野生的。被人们渐渐驯化后，才成为人类日常生活的必需品。

【原文】

曰喜怒①，曰哀惧②，爱恶欲③，七情具④。

【注释】

①喜怒：喜，喜悦。怒，愤怒。

②哀惧：哀，悲哀。惧，恐惧。

③爱恶欲：爱，喜欢。恶，痛恨。欲，欲望。

④七情具：七情，人类的七种基本情绪。具，具有，具备。

【解说】

此句解析人类天生的七种情绪或感情。

《礼记·礼运》："何谓人情？喜、怒、哀、惧、爱、恶、欲，七者弗学而能。"高兴叫作喜，生气叫作怒，悲伤叫作哀，害怕叫作惧，心里喜欢叫作爱，讨厌叫作恶，内心很贪恋叫作欲，合起来叫七情。这是人生下来就有的七种感情。

人的感情、思想深深地影响到人的身体，如果让脑筋去想不健全的事物，脑筋能引致灾害，甚至能杀人；可是如果运用得法，它也能把病体医好。

【原文】

匏土革①，木石金②，丝与竹③，乃八音。

【注释】

①匏土革：匏，匏瓜。指用匏瓜制成的乐器，如笙、竽。土，黏土。指用黏土烧制的乐器，如埙、缶。革，皮革。指利用皮革发声的乐器，如鼓。

②木石金：木，木头。指用木头制成的乐器，如木鱼。石，玉片或石片。指用石玉制成的乐器，如石磬。金，金属。指用金属制成的乐器，如钟。

③丝与竹：丝，丝弦。指利用丝弦发声的乐器，如琴、瑟。竹，竹管。指利用竹管发声的乐器，如箫、笛。

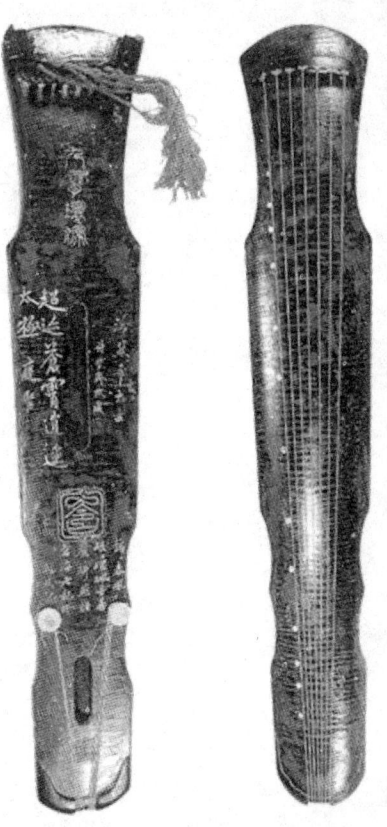

九霄环佩琴

【解说】

此句解析八种可供制造乐器的质材。由于材质不同，造出来的乐器音质都不相同。我国古代人把制造乐器的材料，分为八种，即匏瓜、黏土、皮革、木块、石头、金属、丝线与竹子，称为"八音"。

【原文】

高曾祖①，父而身②，身而子，子而孙，自子孙③，至玄曾④，乃九族⑤，人之伦⑥。

中国古代教育智慧

九族

【注释】

①高曾祖：指高祖父（祖父的祖父）、曾祖父（父亲的祖父，也即祖父的父亲）和祖父（父亲的父亲）。

②身：指自身、自己。

③子而孙：子，儿女。孙，儿女的儿女。

④玄曾：指曾孙（儿子的孙子，也即孙子的儿子）和玄孙（孙子的孙子）。

⑤九族：指高祖父、曾祖父、祖父、父、自己、子、孙、曾孙、玄孙九代直系血亲。

⑥伦：指家族中亲疏远近的伦常关系。

【解说】

此句解析九代直系血亲的辈分关系。高曾祖代表了三代，即高祖、曾祖、祖父，然后是父亲再来是自己本身，往下是儿子、孙子、曾孙、玄孙，一共九代亲族称为九族。这九代亲族，是家族中长幼尊卑基本的伦常关系，是直系血亲，和自己关系最为密切。

【原文】

父子恩①，夫妇从②，兄则友③，弟则恭④，长幼序⑤，友与朋⑥，君则敬⑦，臣则忠⑧。此十义⑨，人所同⑩。

【注释】

①恩：疼爱，亲爱。

②从：依从，顺从，互相迁就。

③友：兄敬爱弟。

④恭：恭敬。

⑤序：按顺序，依次第排列。

⑥友与朋：友，志趣相投的人。朋，同门共学的人。

⑦敬：尊敬，尊重。指尊重臣属。

⑧忠：竭尽心力做事。指尽忠职守。

⑨十义：十种不同分位的人所应遵守的行为规范。

⑩同：指共同遵守，谨守。

【解说】

此段主要阐明何谓五伦，五伦彼此之间都有互相对待的原则。父慈子孝，父亲慈祥恩爱，子女孝顺，夫义妇顺从，夫妻之间应该互相尊重体谅。至于兄弟姐妹之间，作兄长、姐姐的应该爱护弟妹，弟妹也应该恭敬兄长、姐姐。长幼之间要有伦常秩序，朋友相处也要诚实互信，真心地交往，领导者对部属要尊重，部属对长官应忠于职守、认真做事，各尽本分。家庭成员之间要礼貌相待，和睦相处，这样的家庭才是幸福的家庭。

夫妻举案齐眉

中国古代教育智慧

三、凡训蒙，须讲究

【原文】

凡训蒙①，须讲究②。详训诂③，明句读④。

【注释】

①训蒙：训，教育，教导。蒙，童蒙。指幼童。《说文》："蒙，童蒙也……一曰不明也。"孩童未受启迪、开化、年幼无知，所以被称为"蒙"。

②讲究：探究其中的道理。指注重教学方法。

③训诂：解释字义。

④句读：古时文章中没有标点符号，读书时，文句中停顿的地方，语气已完的称"句"，未完的称"读"，分别用圈、点来标记。

【解说】

此句解析教育童蒙应有的态度及途径。

凡是教导初学的学童，一定要讲究教学方法，在开始读书的时候必须打下一个良好的基础，首先是发音要正确，辞意要清楚，要学会正确划分句子，这样才能领会文章所表达的含义和观点。

教导童蒙，必须谨慎从事，因为自幼基础若不稳固，他日读书，必致事倍功半；而训蒙工作的重点，在于训诂及句读两方面。

【原文】

为①学者，必有初②。小学终③，至四书④。

郭璞

郭璞（276—324年），东晋文学家、训诂学家。字景纯，河东闻喜（今属山西）人。博学古文奇字，词赋为东晋之冠。郭璞花十八年的时间研究和注解《尔雅》，使《尔雅》成为中国古代最早一部解释语词的著作。因此，郭璞也被誉为"训诂学之祖"。

三字经的教育智慧

【注释】

①为：修治。

②初：开端，开始，引申为基础、根基的意思。

③小学终：小学，指上文所说的见闻、知数、识文及训诂、句读的功夫。《汉书·食货志上》："八岁入小学，学六甲五方书计之事。"终，终止，完成，结束。

④四书：指《大学》《中庸》《论语》《孟子》。《大学》《中庸》原都是《礼记》的一篇，南宋时，朱熹把它们与《论语》《孟子》配合，称为"四书"，并作集注。

【解说】

此句解析"小学"是孩童入门求学的奠基工夫，而"四书"是孩童入门后首先必读的书。

"四书"是圣贤智能的结晶，内容包括修身、齐家、治国的道理，对于孩童的养成教育有很大的助益，所以古人把"四书"视为立德求学的重要阶梯。

读书求学，必须有一个好的开始，才能奠定良好的基础，应先学完宋朝朱熹所著的《小学》这本书，再来探究"四书"当中"修齐治平"的大学问。

为学必有初始阶段，任何一个大学问家，他的知识都是一点一滴积累的，只有扎扎实实打下良好的基础，才能进军更高深的知识。

【原文】

论语①者，二十篇②；群弟子③，记善言④。

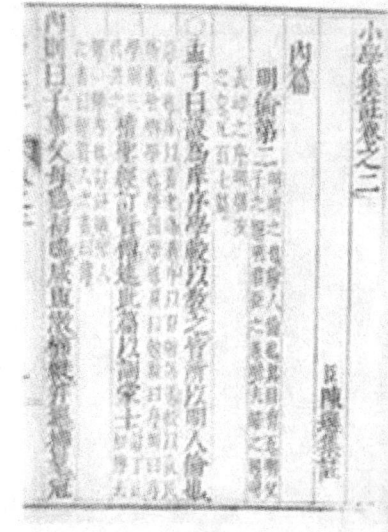

《小学》书影

《小学》，旧题宋代朱熹撰，实为朱熹与其弟子刘清之合编。

朱熹曰："后生初学，且看《小学》书，那个是做人的样子。"

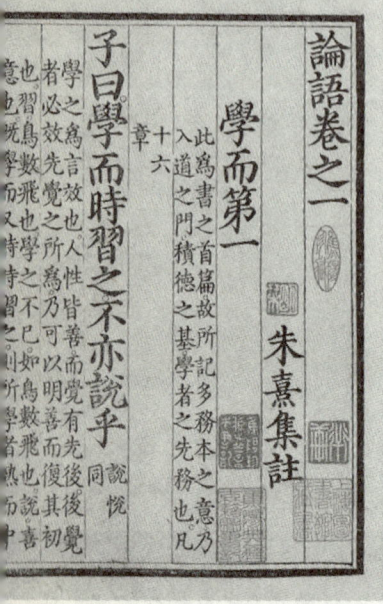

朱熹注《论语》书影

【注释】

①论语：书名。是孔门后学所编有关孔子及孔子弟子言行的书。论是论纂、论集，语是话语。

②二十篇：现在流传的《论语》，是三国魏何晏集解本，二十篇。篇名是：学而、为政、八佾、里仁、公冶长、雍也、述而、泰伯、子罕、乡党、先进、颜渊、子路、宪问、卫灵公、季氏、阳货、微子、子张、尧曰。

③群弟子：群，众多。弟子，门徒，学生。

④善言：雅言，嘉言，有意义的话语。

【解说】

孔子是我国古代伟大的思想家和教育家，是儒家思想的代表人物。

《论语》是孔老夫子教学传道的记录，一共有二十篇。内容是孔子的学生记载圣人的言行，包含了夫子与学生之间的对话，或学生与学生之间相互问答的记录，集中体现了孔子的政治主张、伦理思想、道德观念及教育原则等，十分难能可贵。

论语的语言简洁精练，含义深刻，其中有许多言论至今仍被世人视为至理。

【原文】

孟子①者，七篇止②；讲道德③，说仁义④。

【注释】

①孟子：书名。是孟轲弟子万章、公孙丑等记录孟轲言行的书籍。自宋代开始，被列为十三经之一。见《玉海·卷四三·艺文》"宋

朝石经"条。

②七篇止：是说《孟子》只有七篇。七篇是梁惠王、公孙丑、滕文公、离娄、万章、告子、尽心。止，结束，终了。

③道德：指待人处事的基本原则与行为规范。

④仁义：见前"曰仁义"句注。

【解说】

孟子是我国古代的大思想家、儒家思想的代表，是孔子的三传弟子，也同样讲仁义道德。

战国时代，王道不存，民风日薄，所以孟子提倡仁义，来导正时弊，可惜他的学说不能投合时君的心意，于是他退而著书立说，发扬孔子的思想，传下了《孟子》七篇。

【原文】

作中庸①，子思笔②；中不偏，庸不易③。

【注释】

①中庸：《礼记》篇名。《中庸》这一本书是孔夫子的孙子孔 所作（孔 ，字子思）。中是不偏不倚，庸是不易、不变的意思，《中庸》所说是不偏于一方，永不改变的天下至理。《中庸》是关于人生哲学的一本书，它对中国人的人生观影响很大。北宋程颢、程颐极力尊崇《中庸》。南宋朱熹又作《中庸集注》。

②子思笔：子思，孔子的孙子，即孔鲤的儿子，名伋，子思是他的字。受业于曾子门下，后世尊为述圣。笔，手笔。

子思

中国古代教育智慧

曾子

③中不偏，庸不易：中是不偏不倚的态度，庸是不变的意思。偏，歪，斜，不正。易，变化，更动，变动。

【解说】

此句解析《中庸》的作者与思想重心。《中庸》，是子思的手笔；中是不偏不倚的态度，庸是不变的意思。

【原文】

作大学①，乃曾子②；自修齐③，至治平④。

【注释】

①大学：《礼记》篇名。相传是孔子学生曾参所作。

②乃曾子：乃，即，是，就是。曾子，孔子弟子，名参，字子舆，南武城（故城在今山东省费县西南）人，比孔子小四十六岁，事亲至孝，传孔子之学。后世尊为宗圣。

③修齐：修身齐家的简称。

④治平：治国、平天下的简称。

【解说】

此句解析《大学》的作者与思想重心。作《大学》这本书的是曾参，他提出了"修身齐家治国平天下"的主张。

《大学》中，有所谓"三纲领"和"八条目"。三纲领是"明明德""亲民""止于至善"；八条目是"格物""致知""诚意""正心""修身""齐家""治国""平天下"。本书仅是举其大要，说一个人立身处世最重要的，是先在修养方面下功夫，有了好的修养，才有能力管理家庭；家庭上了轨道，才能够把国家治理好，进而实现平天下的理想。

【原文】

孝经①通，四书熟，如六经②，始③可读。

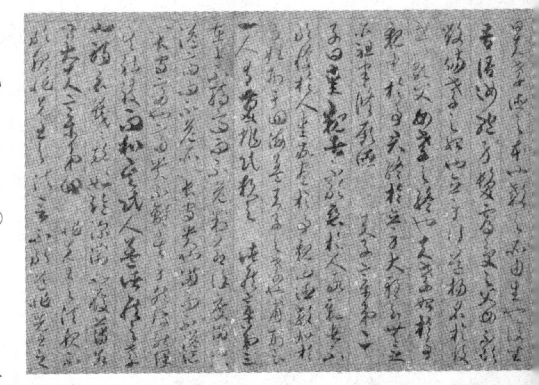

贺知章《草书孝经》

【注释】

①孝经：书名。记载孔子和曾子有关孝道的对话。《孝经》共十八章，是一部阐明孝道的书。俗话说："百善孝为先。"因此古人研究学问，首先读《孝经》，要把《孝经》这一部书的道理融会贯通，再读"四书"，明白做人处世的道理，并且有了学问的基础，然后才能研究"六经"这些深奥的典籍。书有深浅难易之分，我们读书必须从浅易的开始，奠定求知、做人、处世的基础，再进一步学习更深奥的知识。

②如六经：如，像，好像。六经，六种经书。"六经"一词，最早见于《庄子·天运》，指的是《诗》《书》《礼》《乐》《易》《春秋》。后来《乐经》失传，到汉代时，只有五经而已；换言之，自汉以后，不应再有"六经"之实。但是从下文看来，此处的"六经"，是指《易》《书》《诗》《周礼》《礼记》《春秋》六种经书，与一般习惯说法不同。

③始：方，方才，开始。

篆书《诗经·陈风》

【解说】

此句解析读古书须按照《孝经》"四书""六经"的次序，由浅入深。

《孝经》都通晓了，再把"四书"读熟，然后才可以读像"六经"那些比较专门而深奥的书。

【原文】

诗书易①，礼春秋②，号六经③，当讲求④。

【注释】

①诗书易：《诗》，也称《诗经》，是我国最早的诗歌总集。共三百零五篇，分为国风、小雅、大雅、颂四类。《书》，也称《尚书》《书经》，是记录古代帝王的训诰和史事的书。《易》，也称《周易》《易经》，是用阴阳消长变易的观念来解析人事吉凶的书，古人用它来占卜。

②礼春秋："礼"，这里兼指《周礼》及《礼记》两书。《周礼》本名《周官》，相传是周公所作，记载古代官制。《礼记》，指《小戴礼记》，辑录古人讨论礼乐、制度的篇章而成。《春秋》，孔子根据鲁国史书编成，也称《春秋经》。

③号六经：古本作"号五经"，大概是后人见"诗书易，礼春秋"一句中分明只有五种经书，所以根据文义加以改订。但是我们从上句"如六经"三字及下文分论各书的内容来考察，作者心目中实在是以《诗》《书》《易》《礼记》《周礼》《春秋》为六经，所以此句

的"礼"字，应兼指《周礼》及《礼记》两书，这样一来，"号六经"三字也就可以理解了。

④讲求：探讨，研究。

【解说】

此句解析"六经"的含义。

《诗》《书》《易》《礼》《春秋》，再加上《乐》称"六经"，这是中国古代儒家的重要经典，应当仔细研究其中的道理。

【原文】

有连山①，有归藏②，有周易③，三易④详。

【注释】

①连山：书名。相传是伏羲氏所作，一说是夏代的筮书。此书以艮卦为首，艮象征山，所以名为《连山》。

②归藏：书名。相传是黄帝所作，一说是商代的筮书。此书以坤卦为首，坤象征地，地是万物归藏的所在，所以称为《归藏》。

③周易：书名。周代的筮书，以干卦为首。相传文王作卦辞，周公作爻辞，所以称为《周易》。《周易》一书，分为六十四卦，每卦各有六爻，它的卦画与卦爻辞虽然原属筮书性质，却不尽是迷信的东西。

④三易："三易"是用"卦"的形式来解析宇宙间万事万物循环变化的道理的书籍。《连山》和《归藏》已经失传了，如今流传下来的只有《周易》一种。《周易》虽是我国古人占卜的书，但它其中阐述了极为深奥的哲

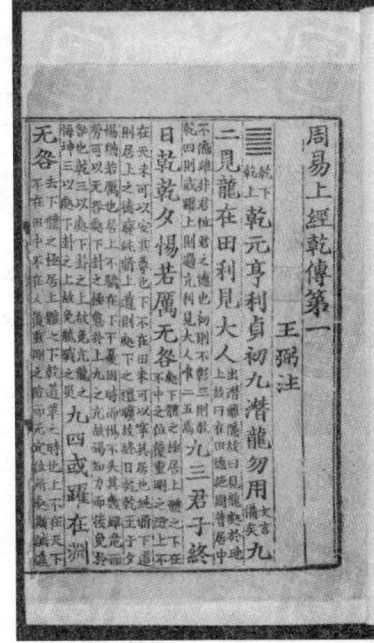

魏·王弼注《周易》

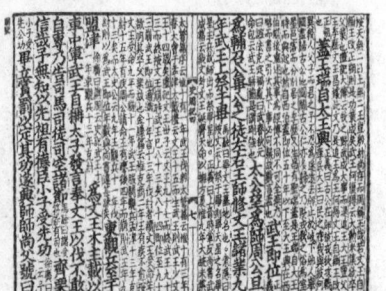

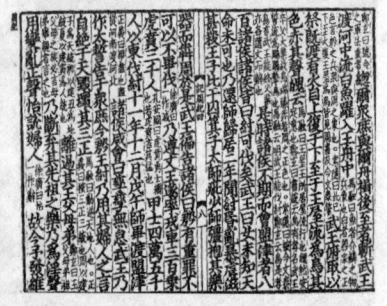

《尚书·周本纪·泰誓》

学道理，像阴阳消长、物极必反的论述随处可见。孔老夫子曾经审订过，书中的理论比较详尽易懂。

【解说】

此句解析"三易"的含义。古代的筮书，有《连山》《归藏》及《周易》，这三本筮书配合来读，内容就很齐备了。

【原文】

有典谟①，有训诰②，有誓命③，书之奥④。

【注释】

①典谟：典，记载帝王事迹的文献，如《尧典》。谟，记述君臣间商议计谋的言辞，如《皋陶谟》。

②训诰：训，教诲的言辞，如《伊训》。诰，告诫或慰勉的文书，如《康诰》。

③誓命：誓，宣誓的言辞，如《甘誓》。命，君王的诏令，如《顾命》。

④奥：深奥，精深。

【解说】

此句阐明了《尚书》的内容特色。

书经之中包含典、谟、训、诰、誓、命等六篇文书，典：常也。尧典、舜典是帝王不易的常道。谟是大臣献上的计策，如大禹谟。训：诲也，是大臣对君主的进谏，如伊训。诰是君主发布的命令，如昭告、酒诰等。誓：信也，是指君主出征时宣誓的文告，如甘誓、秦誓等。命是君主所下达的命令，这些都是书经中奥妙之所在。

三字经的教育智慧

【原文】

我周公①，作周礼②，著六官③，存治体④。

【注释】

①周公：姓姬名旦，周文王的儿子，武王的弟弟，成王的叔父，辅助成王，奠定周朝立国的规模。

②周礼：书名。记载古代政府各部门的职官制度。

③著六官：著，设立。六官，指官职中的六大部门，分别是：一、天官冢宰，总管国务、百官及宫廷内政。二、地官司徒，掌管民政教育。三、春官宗伯，掌管礼乐制度。四、夏官司马，掌管军政军令。五、秋官司寇，掌管法律刑狱。六、冬官司空，掌管工程制作。但是冬官早已失传，汉人以《考工记》（记载各种工匠的工作）补入。

④存治体：存，留存，留下。治体，治国的体制。

【解说】

此句解析《周礼》的作者、内容和价值。周公撰写了《周礼》，其中记载着当时六官的官制以及国家的组成情况。

【原文】

大小戴①，注礼记，述圣言②，礼乐备③。

【注释】

①大小戴：指汉代的戴德和戴圣。两人是叔侄关系。戴德是叔叔，后人称为"大戴"；

周公

周公，即姬旦，武王的弟弟。不仅协助武王伐纣，而且辅助成王，平定诸侯国之乱，教化国民，以礼治国。

中国古代教育智慧

《大戴礼记》书影

戴圣是侄儿,后人称为"小戴"。戴德和戴圣,分别编成《大戴礼记》和《小戴礼记》,书中传述圣贤的言论,以及各种有关礼乐方面的仪节,内容十分完备。

②述圣言:述,讲述,传达。圣言,古圣先贤的言论。

③礼乐备:礼,泛指各种仪节。乐,指配合各种仪节的音乐。备,完备。

【解说】

此句解析《礼记》的编者、内容和价值。

汉朝时有两位著名的儒者,述说圣人的言论:戴德将礼记删订为八十五篇,戴圣则删订为四十六篇(即为现今留存者,加上后人增补三篇合计为四十九篇)。其内容完整地保存了古圣先贤的言论,各种礼节、五分十二律等音乐都十分完备。这些中国传统的礼义道德,其中大部分到今天仍是十分有益的,我们要从这些有益的成分中吸取营养。

【原文】

曰国风①,曰雅颂②,号四诗③,当讽咏④。

【注释】

①国风:《诗经》体裁之一。指周代诸侯国的民间歌谣。共一百六十篇,分为十五国风,依次为:周南、召南、邶、墉、卫、王、郑、齐、魏、唐、秦、陈、郐、曹、豳。大抵是西周至春秋中叶的民歌。

②雅颂:雅,《诗经》体裁之一。分为《大雅》及《小雅》。《大雅》是诸侯朝见天

子时所用的诗歌，共三十一篇，大抵是西周时代的作品。《小雅》是天子宴宾客时的诗歌，亦有士人批评朝政缺失及反映丧乱的诗，今存七十四篇，大抵是西周中晚期至东周初年的作品。颂，《诗经》体裁之一。分为《周颂》《鲁颂》《商颂》三类，是祭祀宗庙的诗歌，其中《周颂》作于西周初年，《鲁颂》及《商颂》都作于春秋时代。

③四诗：《诗经》的四种体裁。唐许尧佐《五经阁赋》："虞夏商周之五典，国风雅颂之四诗。"见《文苑英华·卷六一》。

④讽咏：背诵，吟咏。

【解说】

此句介绍《诗经》中的四种体裁。

我国最古老的一本诗集叫《诗经》，共汇集了周代诗歌三百零五篇，所包含的题材非常广泛，有的反映复杂的社会形态，有的反映人民的生活状况及一般百姓的思想和感情等。

《国风》《大雅》《小雅》《颂》合称为四诗，它是一种内容丰富、感情深切的诗歌，实在是值得我们去背诵吟咏。

【原文】

诗①既亡，春秋作②，寓褒贬③，别④善恶。

【注释】

①诗：指民间的歌谣。

②春秋作：《春秋》，书名。相传是孔子根据鲁国史书编撰而成。记载鲁国隐、桓、庄、闵、僖、文、宣、成、襄、昭、定、哀

贵族宴乐

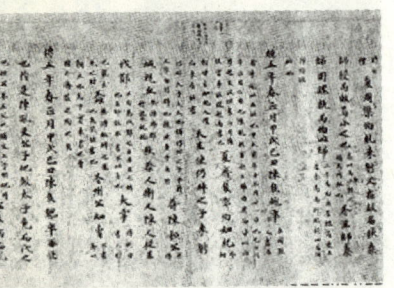

中国古代教育智慧

《春秋》（唐代手抄）

十二公、二百四十二年间的史事。作，产生，出现。

③寓褒贬：寓，寄托。褒，褒奖，赞誉。贬，责备，谴责。

④别：分别，分辨，辨别。

【解说】

此句是解析《春秋》的产生及其历史意义。

古代的圣王为了解各地的民风，所以设立采诗的制度，派人专门负责采集民歌，来作为施政的参考。周平王向东迁都洛阳后（东周），周天子衰落不能号令天下时，作诗的风气就逐渐没落消失了。于是孔老夫子写出《春秋》这本书，这本书文字虽然简约，意义却十分深远，详记鲁隐公到鲁哀公二百四十二年间的历史，用来褒扬善行好事，贬抑恶行坏事，希望能借此提醒世人分辨忠奸善恶，更期盼当政者知所警惕，当时很受重视，对时局有很重要的影响。

【原文】

三传①者，有公羊②，有左氏③，有谷梁④。

【注释】

①三传：指阐释《春秋经》的三种著作，即《左传》《公羊传》及《谷梁传》。《左传》以记言记事为主，《公》《谷》两传则以阐释《春秋经》的大义为主。传是解释"经"的书，这三本传都是针对《春秋》作

的注解，有鲁国公羊高写的《公羊传》，有与孔夫子同时代的左丘明所写的《左传》，还有谷梁赤所著的《谷梁传》。

②公羊：即《公羊传》。相传是鲁人公羊高所传，当时尚未成书，到汉景帝时，公羊高的玄孙寿和齐人胡母生根据前人所说加上自己的意见，才编写成书。

③左氏：即《左传》。相传是鲁国人左丘明所作。《左传》使用编年纪事的体裁为春秋作注解，最令人称道，举凡天子诸侯之事，兵革礼乐之文，兴衰存灭之因，都记载得很详尽，是研读春秋一书最佳的选择。

④谷梁：即《谷梁传》。相传是谷梁赤所传，直到西汉才被时人编写成书。

【解说】

此句解析"春秋三传"的内容。

《春秋》是鲁国的史书，内容十分精彩，有三种阐释《春秋经》的著作，它们就是《公羊传》《左传》和《谷梁传》。

【原文】

　　经既明，方读子①。撮其要②，记其事③。

【注释】

①子：子书，指古代思想家的著作。《四库全书总目提要·子部·总叙》："自六经以外立说者，皆子书也。"

②撮其要：撮，摘录，摘取。其，指称词，指诸子。要，要旨，大要。

③事：指言行及学说。

左丘明

中国古代教育智慧

诸子百家图

【解说】

此句解析读书的次第,是先读经书,再读子书。

"四书"和"六经"的要旨都明白之后,才可以读诸子百家的书,如老子、庄子、荀子等。但是由于诸子百家书籍太多,卷帙浩繁,其内容虽有可取之处,但并非完全正确,只要选取其中对我们的德行学问有帮助的精华来读,就可以了。

学习和掌握各门类的知识都要牢记一条原则,学习历史更是如此,这就是提纲挈领,掌握主要脉络。对于重点历史事件要记住它的起因和结局,才能很好地掌握这门学问。

【原文】

五子者,有荀扬①,文中子②,及老庄③。

【注释】

①荀扬:荀,即《荀子》,战国赵人荀况(荀卿)所撰,二十卷。荀况是先秦儒家集大成的人物。他认为人性中存有贪欲之念及好利恶害等恶端,所以主张"隆礼"(隆是重的意思),通过学习,使人人知礼守礼,才能矫抑恶端,趋于善道,国家也就太平了。扬,指《法言》,汉扬雄(前58—18年)所撰。扬雄,字子云,蜀郡成都(今四川省成都市)人。

②文中子:又名《中说》,旧题隋王通(584—618年)所作。王通,字仲淹,龙门(今山西省河津县)人,是唐初文学家王勃的

祖父。死后，谥号文中子。《中说》二卷，分为《王道》《天地》《事君》《周公》《问易》《礼乐》《述史》《魏相》《立命》《关朗》等十篇，记载王通与门人对答的话语，由其弟子薛收、姚义等编集成书。立论平正，于治国修身，颇切实用。

③老庄：《老子》和《庄子》。《老子》，相传李耳所撰。李耳，字聃，世称老子。春秋楚国苦县（今河南省鹿邑县东）人。做过周朝看守藏室的史官，后来隐居不仕。主张清静无为，是道家的始祖。今本《老子》书中，记有战国以来的事物，不可能出自老子之手，大概当时老子思想只有流传，尚未成书，到战国时，才由后人写定传世。

《庄子》，庄周所作。庄周，字子休，战国蒙城（今河南省商丘县南）人，曾做过蒙地管理漆园的官。家贫，但不好名利。他主张以无用为用，以逍遥为乐，齐是非生死，而保养性命之真。受老子学说影响而不为其学所限，与老子同是道家最重要的人物。根据《汉书·艺文志》，《庄子》原有五十二篇，今本为晋郭象所编，三十三篇，分为内篇七篇，外第十五篇，杂篇十一篇。大致来说，内篇是庄子自著，外篇、杂篇则由后人增益而成。全书多采重言（假托古人的话）或寓言的方式来说理，对后世的哲学及文学影响很大。

【解说】

诸子书籍繁多，有诸子百家之称，其中最

荀子

荀子（前313—前238年），名况，字卿，后避汉宣帝讳，改称孙卿。战国时期赵国猗氏（今山西新绛）人，著名思想家、文学家、政治家，儒家学派代表人物，时人尊称"荀卿"。曾三次出任齐国稷下学官的祭酒，后为楚兰陵（今山东兰陵）令。

《荀子》共三十二篇，其中《大略》《宥坐》等最后六篇疑为弟子所记。《荀子》一书具有较强的系统性和思想性，是先秦哲学思想的总结和发展。

中国古代教育智慧

扬雄

扬雄（前58年—18年），一作"杨雄"，字子云，西汉蜀郡成都（今四川成都）人。西汉学者、辞赋家、语言学家。字子云。仿《论语》作《法言》，仿《易经》作《太玄》。提出以"玄"作为宇宙万物根源之学说，批判老庄"绝仁弃义"观点，而重视儒家的学说，认为"人之性也善恶混，修其善则为善人，修其恶则为恶人"（《法言·修事》）。曾著《方言》，叙述西汉时代各地方言，为研究古代语言的重要资料。

重要的有荀子、扬子、文中子、老子及庄子。

荀子，名卿，字况，战国时赵国人，著《荀子》一书，主张"性恶"说，认为人性中存有贪婪好利等弊端，故特别注重礼节和教学，希望透过教育的手段来引导改善，"劝学篇"尤其有名。

扬子即扬雄，汉朝成都人，著有《太玄经》《法言》二书，《太玄经》是参照《易经》而作。文中子姓王名通，著有《元经》《中说》二书。

五子当中，我们比较熟悉的，恐怕只有老子和庄子，老庄是道家的开创者，其思想影响中国人数千年，仅次于儒家，老子有《道德经》传世，其内容崇尚自然，倡导无为而治。庄子著《南华真经》属于寓言式的著作。他们博学广闻，像老子，就连孔子都曾向他请教过礼的问题。庄子则经常用寓言的形式表达思想，是非常有趣的。

【故事】

孔子问礼

孔子是个好学的人，他从来不满足自己已经掌握的知识，而是不断地搜寻资料，扩大视野，增广见识。

一天他对南宫适说："我听说在洛邑当守藏史的老聃是个博古通今的学者，他既通礼乐之原，又通道德伦常之理，这样有学问的人，应该是我们的老师，能在洛阳拜访他一次，是我生平之愿。"

周敬王二年（前518年），孔子千里迢迢来到了洛阳，找到当时的大学问家老聃询问礼乐。

老聃即道家创始人老子，姓李，名耳，字聃，楚国苦县（今河南鹿邑东）人，当时为周朝"守藏室之史"，大约相当于现在的国家图书馆馆长。尤其是他所经营的文物典籍，更是国家秘藏的文物珍宝。

他对孔子说："你所要问的那些人，他们的骨头早腐烂了，只剩下他们的话罢了。况且，君子逢到好的时代就出来干番事业，遇到不好的时代就像蓬草一样，随风飘转。我听说，好的商人深藏钱财，好像一无所有；很有德行的人，外表看起来却像是愚笨。去掉你的骄气和想入非非、装模作样和不切实际的奢望吧！这对你没有什么好处。我要对你说的就是这些。"

孔子临别时，老子还赠言道："我听说富贵的人送人钱财，仁义的人送人良言，我不富贵，也不能窃仁者的名声，但还是要告诉您：观察问题很透彻、言辞犀利善辩的人，假如遇到危及自身生命的事，主要原因就在于他好议论人，揭人的短处！作为子女和人臣，言语和行动都不能只考虑到自己！"

孔子听了老子的话，回去对自己的学生们说："鸟，我知道它能飞；鱼，我知道它能游；野兽，我知道它能跑。跑者可以用网对

老子

中国古代教育智慧

孔子问礼

付,游者可以用钓丝对付,飞者可以用弓箭对付。至于龙,我却无法了解,它乘风驾云直上青天。我今天见的这位老子,大约就是像龙一样的人物了。"

四、经子通，读诸史

浩瀚的史书

【原文】

经子通，读诸①史。考世系②，知终始。

【注释】

①诸：众，众多，各种。

②世系：一姓氏世世代代相传的系次。即世代的谱系。

【解说】

此句解析读史书的要领。

我国的春秋战国时代，是各种哲学思想百家争鸣的时代。像老庄的顺其自然说和荀子的人性本恶说等。这些思想都是我们宝贵的文化遗产，要研读贯通。

经书和子书融会贯通之后，就可以开始研读各种史书，研读史书，要先了解各朝代的年代和世系。前者指各朝代及帝王统治时期的起迄，后者指某一朝代世世相传的系次。两者都是历史的架构。

能够掌握住这些架构，对于历史才算有最基本的认识。史书是记载一国兴亡的事，要从中考察历代王朝传承的世系，明白各国政治上的利弊得失和治乱兴亡的原因，给自己一个警醒。

【原文】

自羲农①，至黄帝②，号三皇③，居上世④。

中国古代教育智慧

轩辕黄帝

【注释】

①羲农：伏羲、神农的简称。伏羲，古帝名，风姓。相传他始画八卦，教民渔猎，见《易·系辞下》。神农，古帝名。又称炎帝、烈山氏，姜姓。相传他创造耒耜，教民耕种，又亲尝百草为医药，以治疾病。见《通志·三皇纪》。

②黄帝：古帝名。姓公孙，生于轩辕之丘，故名轩辕，并以此为号。因为生长于姬水一带，故又姓姬；建国于有熊，也称有熊氏。当初，神农氏后裔榆罔暴虐无道，被轩辕打败于阪泉；蚩尤作乱，被轩辕诛杀于涿鹿。于是诸侯推尊他为天子，是为黄帝。见《史记·五帝本纪》。

③皇：皇帝，君王，君主。

④上世：远古，久远的时代。

【解说】

此句介绍古代传说中的"三皇"。自伏羲氏、神农氏到黄帝，这三位上古时代的帝王都能勤政爱民、非常伟大，因此后人尊称他们为"三皇"。

【故事】

统一华夏之战

数千年前，中国黄河、长江流域一带住着许多氏族和部落。其中黄帝是黄河流域最有名的一个部落首领，另一个有名的部落首领叫炎帝。黄帝和炎帝是兄弟。在长江流域有一个九黎族，他们的首领名叫蚩尤，十分强悍。

蚩尤有八十一个兄弟，他们个个兽身人面，铜头铁臂凶猛无比。他们擅长制造刀、弓弩等各种各样的兵器。蚩尤常常带领他强大的部落，侵略骚扰别的部落。有一次，蚩尤侵占了炎帝的地方，炎帝起兵抵抗，但他不是蚩尤的对手，被蚩尤杀得一败涂地。炎帝没办法，逃到黄帝所在的地方涿鹿请求帮助。黄帝早就想除去这个祸害，于是联合各部落首领，在涿鹿的田野上和蚩尤展开一场大决战，这就是著名的"涿鹿大战"。

战争之初，蚩尤凭借着良好的武器和勇猛的士兵，连连取胜。后来，黄帝请来龙和其他奇怪的猛兽助战。蚩尤的兵士虽然凶猛，但是遇到黄帝的军队，加上这一群猛兽，也抵挡不住，纷纷败逃。

蚩尤画像

黄帝带领兵士乘胜追杀，忽然天昏地黑，浓雾迷漫，狂风大作，雷电交加，天上下起暴雨，黄帝的兵士无法继续追赶。原来蚩尤请来了"风神"和"雨神"助战。黄帝也不甘示弱，请来天上的"旱神"帮忙，驱散了风雨。一刹那，风止雨停，晴空万里。

蚩尤又用妖术制造了一场大雾，使黄帝的兵士迷失了方向。黄帝利用天上北斗星永远指向北方的现象，造了一辆"指南车"，指引兵士冲出迷雾。

经过多次激烈的战斗，黄帝先后杀死了蚩

中国古代教育智慧

黄帝战蚩尤

尤的八十一个兄弟,并最终活捉了蚩尤。黄帝命令给蚩尤戴上枷锁,然后处死他。因为害怕蚩尤死后作怪,就将他的头和身子分别葬在相距遥远的两个地方。蚩尤戴过的枷锁被扔在荒山上,化成了一片枫林,每一片血红的枫叶,都是蚩尤的斑斑血迹。

蚩尤死后,他勇猛的形象仍然让人畏惧,黄帝把他的形象画在军旗上,用来鼓励自己的军队勇敢作战,也用来恐吓敢于和他作对的部落。后来,黄帝受到了许多部落的支持,渐渐成为所有部落的首领。

【原文】

唐有虞①，号二帝②，相揖逊③，称盛世。

【注释】

①唐有虞：指唐尧和虞舜。唐尧，古帝名。名放勋，尧为谥号。他是帝喾的次子，黄帝的玄孙，姓伊祈氏。初封于唐，后封于陶，故号陶唐，史称唐尧。相传他在位九十八年，寿一百一十七岁。虞舜，古帝名。名重华，字都君，舜为谥号。冀州人，生于姚墟，因姓姚氏。他也是黄帝的后代，没落为庶人，居畎亩之中。尧闻其贤孝，命他摄政，后来受禅为帝，国号虞，也称有虞（有字是词头，无义），史称虞舜。相传他在位三十九年，寿九十九岁；一说在位五十年，寿一百一十岁。见《史记·五帝本纪》三家注和《通志·五帝纪》。

②二帝：指尧、舜。《书·大禹谟·承于帝·正义》："禹承尧、舜二帝。"

③揖逊：指以位让贤。《说文》："揖，让也。"揖让是同义复词。孔颖达《尚书正义·序》："勋、华揖让而典谟兴。"

【解说】

此句介绍尧舜二帝的政绩。

黄帝之后，有唐尧和虞舜两位帝王，他们都把国家当作公器，传贤不传子。尧是位很贤德的帝王，他把帝位禅让给有贤能的舜，没有一点私心，当然舜也不负众托。在两位帝王的治理下，天下太平，人人称颂。

唐尧

中国古代教育智慧

尧舜禅让

【故事】

尧舜禅让

尧当上部落联盟的首领,和大家一样住茅草屋,吃糙米饭,野菜汤,夏天披件粗麻衣,冬天只加块鹿皮御寒,衣服、鞋子不到破烂不堪绝不更换。老百姓拥护他,如爱"父母日月"一般。

尧年纪大了,需要考虑继承人的问题。他的儿子丹朱很粗野,好闹事。有人推荐丹朱即位,尧不同意。后来尧又召开部落联盟议事会议,讨论继承人的人选问题。大家都推举虞舜,说他是个德才兼备、很能干的人物。尧很高兴,把自己的两个女儿娥皇、女英嫁给舜,并考验了三年才将帝位禅让给舜。

舜即位后,亲自耕田、打鱼、制陶,深受大家爱戴。他通过部落联盟会议,让八元管土地,八恺管教化,契管民事,派益管山林川泽,伯夷管祭祀,皋陶作刑法,完善了社会管理制度。他也仿照尧的样子召开即位人选会议,民主讨论。大家推举禹来做继承人。舜到晚年身体不好,依旧到南方各地去巡视,竟病死在去苍梧(今湖南境内)的途中。舜死后,禹做了部落联盟的首领。

尧舜"禅让"的历史传说,反映了原始公社的民主制度。

三字经的教育智慧

【原文】

夏有禹①，商有汤②，周文武③，称三王④。

【注释】

①夏有禹：夏，朝代名。公元前21世纪至公元前16世纪。自禹至桀，传十四世十七主，共四百七十一年（据《史记集解》引《汲冢纪年》）。禹，夏朝开国的圣君。姓姒氏，他是颛顼的孙子，黄帝的玄孙。尧时，他的父亲鲧因为治水无功，被舜所杀，他继承父业，疏导洪水，居外十三年，三过家门而不入。后受禅为帝，都安邑，国号夏，史称夏禹。后南巡，死在会稽。在位十年，寿百岁。相传他根据九州的山川、土地、物产及道路的远近而订出九州的贡职，《尚书》中有《禹贡》一篇，即记述此事。见《史记·夏本纪》。

②商有汤：商，朝代名。公元前16世纪至公元前11世纪。商的始祖名契，十四世传至汤，灭夏而有天下，都亳（今河南省商丘县北），国号商。传至帝辛（纣），为周所灭。凡十七世三十一主。共六百多年。汤，商代开国的君主。子姓，名履，即天乙，又称成汤。夏桀无道，汤起兵讨伐而得天下。在位三十年。见《史记·殷本纪》。

③周文武：周代的文王及武王。周文王，姓姬名昌，商末周族的领袖，建国于岐山下，称为西伯。曾因崇侯虎进谗于纣，被囚，后得臣子散宜生等营救而获释。诸侯听闻他施行善政，大多投效他。死后被尊为"文王"。武王

舜帝

· 75 ·

中国古代教育智慧

大禹治水

名发,文王子,率领诸侯伐纣,败纣于牧野,灭殷,即帝位,建都镐京。在位十九年崩。见《史记·周本纪》。

④三王:三代的圣王。

【解说】

此句介绍夏、商、周三代的圣王。夏、商、周,在中国历史上合称三代,每一代的时间都很长,夏朝统治四百年,开国君主是禹;商朝统治六百年,开国君主是汤;周朝统治八百年,开国君主是文王和武王。

夏禹、商汤、周文王、周武王因为治理有方,开创不朽霸业,被老百姓尊称为"三代的圣王"。

【故事】

大禹治水

禹为鲧之子,又名文命,字高密。相传生于西羌(今甘肃、宁夏、内蒙南部一带),后随父迁徙于崇(今河南登封附近),尧时被封为夏伯,故又称夏禹或伯。他是中国第一个王朝——夏朝的建立者,同时也是奴隶社会的创建者。

尧在位的时候,黄河流域发生了很大的水灾,庄稼被淹了,房子被毁了,老百姓只好往高处搬。尧召开部落联盟会议,商量治水的问题。他征求四方部落首领的意见:派谁去治理洪水呢?首领们都推荐鲧。

尧对鲧不大信任。首领们说:"现在没有比鲧更强的人才啦,你就让他试一下吧!"尧才勉强同意。

鲧花了九年时间治水,没有把洪水制服。因为他只懂得水来土掩,造堤筑坝,结果洪水冲塌了堤坝,水灾反而闹得更凶了。

舜接替尧当部落联盟首领以后,亲自到治水的地方去考察。他发现鲧办事不力,就把鲧杀了,又让鲧的儿子禹去治水。

禹改变了做法,用开渠排水、疏通河道的办法,把洪水引到大海中去。他和老百姓一起劳动,戴着箬帽,拿着锹子,带头挖土、挑土,累得磨光了小腿上的汗毛。

大禹治水

经过十三年的努力,终于把洪水引到大海里去,地面上又可以供人种庄稼了。

为了治水,禹新婚不久就到处奔波,三次经过自己的家门,都没有进去。有一次,他妻子涂山氏生下了儿子启,婴儿正在哇哇地哭,禹在门外经过,听见哭声,也没进去探望。

当时,黄河中游有一座大山,叫龙门山(在今山西河津县西北)。它堵塞了河水的去路,把河水挤得十分狭窄。奔腾东下的河水受到龙门山的阻挡,常常溢出河道,闹起水灾来。禹到了那里,观察好地形,带领人们开凿龙门,把这座大山凿开了一个大口子。这样,河水就畅通无阻了。

中国古代教育智慧

夏启

【原文】

夏传子，家天下①，四百载②，迁③夏社④。

【注释】

①家天下：指帝王把国家看作自家私产般地世代相传。

②四百载：夏朝公元前2070年至公元前1600年，历时四百七十一年。

③迁：更替。指改朝换代。

④社：社稷。指国家、王朝。社是土神，稷是谷神。古时帝王、诸侯必设有社稷之神，社稷随国家而存亡，故以社稷作为国家的代称。

【解说】

此句解析夏朝的传位方式和国祚。

夏代的君主都把帝位传给自己的儿子，以国家为自家的私产，世代相传。经过了四百多年，夏被汤灭掉，从而结束了它的统治。

【原文】

汤①伐夏，国号商，六百载②，至纣③亡。

【注释】

①汤：商代开国的君主，即天乙，又称成汤。夏桀暴虐无道，汤伐桀而有天下。商朝自成汤建都于亳后，曾经多次迁徙。传至盘庚，自奄（今山东省曲阜县城东）迁都于殷（今河南省安阳县小屯村），自此之后商朝亦称殷朝。

②六百载：《史记·殷本纪·集解》："谯周曰：'殷凡三十一世，六百余年。'"

③纣：商末的君主。名受，时人称他为

纣，或称纣王、帝纣；庙号辛，故又称帝辛。

【解说】

此句解析商朝的成立和国祚。

夏桀在位时因为暴虐无道，成汤起而讨伐，建立了新王朝，国号商。商朝传了六百多年，到纣王时，纣王暴虐失德，沉迷酒色，以致众叛亲离而亡国。

【故事】

商汤灭夏

商汤灭夏

商原是夏朝东部一个以燕子为图腾的部落，始祖叫契。当禹建立夏朝的时候，商族刚刚进入父系氏族阶段，到商汤作部族首领时，刚好处于夏代最后一个国王桀统治时期。夏桀统治黑暗，不修国政，骄侈淫逸。在他统治时期，多次举兵讨伐周围小国，使臣服于夏的诸小国离心离德。

夏桀为了加强对周围诸方国的控制，曾举兵讨伐有施氏，有施氏自知抵御不过，为避免方国灭亡，便选了一名叫妹喜的绝色美女献给夏桀。夏桀看到这位倾国倾城的美女妹喜后，就罢兵而归，终日与妹喜厮守一起，寸步不离，从此不再理政。为了讨好妹喜，夏桀在国内大征民夫，特为妹喜修建了一座宫殿，因此宫高大无比，看上去就像要倾倒下来，所以叫"倾宫"，宫中有琼室、瑶石，象牙镶嵌的走

中国古代教育智慧

关龙逄

廊，白玉雕成的床榻，他整日和妹喜在宫中寻欢作乐，荒淫到了极点。夏朝百姓对桀的统治深恶痛绝，没有人再愿意为夏桀这样的荒淫暴君卖命出力，夏统治集团内部也分崩离析，矛盾重重。

夏桀手下有个叫关龙逄的臣子，听到老百姓的愤怒声音，觉得大势不妙，便对桀进行劝告，要他节省用度，不然就危险了。夏桀不但不听，反而把关龙逄杀了。夏桀以为他的统治永远不会灭亡。他说："天上有太阳，正像我有老百姓一样。太阳会灭亡吗？太阳灭亡，我才灭亡。"

面对夏桀的暴政，商族首领汤采取"宽以待民"的政治策略，笼络民心，扩大自己的影响，遇到哪个方国有灾有难，就主动救济，并积极网罗人才收集有关夏桀政权的情报信息，为进一步消灭夏朝做积极的准备。

夏桀看到商族一天天壮大起来，汤的政治影响力与日俱增，已严重威胁到了自己的统治，心中十分害怕，就听信佞臣赵梁的计谋，假意召汤入朝，趁机将他囚禁在夏台。商汤被夏桀囚禁后群龙无首，商部族灭夏大业受到了严重影响。无奈之下，商部族在伊尹的主持下在国内搜罗了许多美女珠宝进献给夏桀，又暗中重金贿赂赵梁，使贪财的赵梁在桀面前为汤开脱，最后夏桀仍然听信了赵梁之言，竟然放了商汤。

商汤被放回以后，坚定了灭夏决心，全

力准备灭夏战争。他首先灭掉了与夏关系密切的豕韦、顾、昆吾诸小国,在力量准备充足以后,于公元前1600年领导了灭夏战争。在商军出征之前,商汤进行了誓师动员,历数夏桀的罪行,说明自己出兵灭夏是替天行道,号召部众勇敢作战,一举消灭夏桀的黑暗统治。誓师以后商军战旗猎猎,军容齐整,士气高昂地向夏朝都城进发,商汤手把大斧,坐在战车上,指挥三军。此时的夏桀再也顾不上寻欢作乐,连夜调集军队,设下几道防线,阻止商军的进攻。然而连年来夏桀的统治十分不得人心,军队纪律涣散,又指挥不灵,两军交战,夏军很快就被击溃。夏桀见势不妙,就带着残兵败将逃到了鸣条,双方军队在鸣条进行了决战,结果商军获得全胜,桀带着几名护从狼狈逃出战场,据说后来死在了安徽巢县,夏王朝也宣告灭亡。

关龙进谏

中国古代教育智慧

周文王姬昌

【原文】

周武王，始诛①纣，八百载②，最长久。

【注释】

①诛：征伐，讨伐。

②八百载：《史记·周本纪·集解》："皇甫谧曰：周凡三十七王，八百六十七年。"

【解说】

此句介绍周朝的成立和国祚。

当时纣王曾一度将西伯姬昌囚禁，加以迫害，但是姬昌始终没有起兵伐纣。姬昌死后，儿子姬发自号武王，并追尊西伯为"文王"，而且联合诸侯，发兵讨纣。纣自焚于鹿台，武王即天子位，这就是周朝的开始。

周武王时，讨伐商纣，灭掉商朝，建立周朝。周朝的历史最长，前后延续了八百多年。

【故事】

武王伐商

商朝最后一个国王纣是中国历史上有名的暴君。他兴建华丽的琼楼瑶台，整日"以酒为池，以肉为林"，和爱妃妲己以及贵族们宴饮酒池，为了满足自己的享受，纣王就加重赋税，使社会矛盾越来越尖锐。百姓起来反抗，他就用重刑镇压。他设置了"炮烙"酷刑，把反对他的人绑在烧得通红的铜柱上活活烙死。叔父比干规劝他，他竟凶狠地挖出了比干的心。纣王的残暴统治激起了人们的反抗，动荡不安的社会像烧开了的水那样的沸腾。

武王伐纣

这个时候，活动在渭河流域的姬姓周部落逐渐强大起来，首领周武王姬发正在积极策划灭商。他继承父亲文王遗志，重用姜尚等人，使国力增强。当商的军队主力远在东方作战，国内军事力量空虚之时，周武王联合各个部落，率领兵车三百辆，虎贲（卫军）三千人，士卒四万五千人，进军到距离商纣王所居的朝歌只有七十里的牧野（今河南淇县西南），举行了誓师大会，列数纣王罪状，鼓励军队同纣王决战。

当时，商纣王已感觉到周人对自己构成的严重威胁，决定对周用兵。然而这一拟定中的军事行动，却因东夷族的反叛而化为泡影。为平息东夷的反叛，纣王调动军队倾全力进攻东夷，结果造成西线兵力的极大空虚。与此同时，商朝统治集团内部的矛盾呈现白炽化，商纣饰过拒谏，肆意胡为，囚禁箕子，逼走微子。武王、姜尚（姜子牙）等人遂把握这一有利战机，决定乘虚蹈隙，大举伐纣，经过牧野之战，一战而胜，结束了商王朝的统治，开始了百姓安居乐业、统治稳定的周王朝。

中国古代教育智慧

周幽王

【原文】

周辙①东，王纲坠②，逞干戈③，尚游说④。

【注释】

①辙：车轮所辗过的痕迹，印记，引申指车驾。此处借指周王室东迁。

②王纲坠：王，指朝廷。纲，指纪律、法度。坠，丧失。

③逞干戈：逞，任意放恣。干戈，兵器的通称。干是盾牌，戈是平头的戟。这里用来比喻战争。

④尚游说：尚，尊崇。游说，指谋士周游列国，向诸侯分析政治形势和利害关系，并提出个人的主张，以求取诸侯的宠信和任用。

【解说】

此句阐明了东周时代政治上的特色。

周朝自武王开国，历经成王、康王、昭王、穆王、恭王、懿王、孝王、夷王、厉王、宣王而到幽王。幽王无道，国势日衰，被犬戎所灭，幽王被杀。平王即位，便把国都自镐京（今陕西省长安县西）迁到雒邑（今河南省洛阳县）。

自平王东迁以后，周室衰微，诸侯各自为政，不肯服从天子的政令，相互斗争兼并，随意使用武力，天下纷乱不堪。当时有些知识分子，针对诸侯想要富国争雄的野心，周游列国，向诸侯提出自己的政治主张，有的主张连横，有的提倡合纵，从此兵连祸结，天下苍生不得安宁。他们的主张只要能够投合君主的心意，便可博取高官厚禄。这种风尚，在春秋战国时十分盛行。

【故事】

烽火戏诸侯

周幽王与褒姒

公元前781年周宣王去世，他儿子即位，就是周幽王。周幽王昏庸无道，到处搜寻美女作乐。大夫越叔带劝他多理朝政。周幽王恼羞成怒，革去了越叔带的官职，把他撵出去了。这引起了大臣褒响的不满。褒响来劝周幽王，但被周幽王一怒之下关进监狱。褒响在监狱里被关了三年，其子将美女褒姒献给周幽王，周幽王才释放褒响。周幽王一见褒姒，喜欢得不得了。褒姒却老皱着眉头，连笑都没有笑过一回。周幽王想尽法子引她发笑，她却怎么也笑不出来。虢石父对周幽王说："从前为了防备西戎侵犯我们的京城，在细山一带建造了二十多座烽火台。万一敌人打进来，就一连串地放起烽火来，让邻近的诸侯瞧见，好出兵来救。这时候天下太平，烽火台早没用了。不如把烽火点着，叫诸侯们上个大当。娘娘见了这些兵马一会儿跑过来，一会儿跑过去，就会笑的。您说我这个办法好不好？"

周幽王眯着眼睛，拍手称好。烽火一点起来，半夜里满天全是火光。邻近的诸侯看见了烽火，赶紧带着兵马跑到京城。听说大王在细山，又急忙赶到细山。没想到一个敌人也没看见，也不像打仗的样子，只听见奏乐和唱歌的

中国古代教育智慧

烽火戏诸侯

声音。大家我看你，你看我，都不知道是怎么回事。周幽王叫人去对他们说："辛苦了，各位，没有敌人，你们回去吧！"诸侯们这才知道上了大王的当，十分愤怒，各自带兵回去了。褒姒瞧见这么多兵马忙来忙去，于是笑了。周幽王很高兴，赏赐了虢石父。隔了没多久，西戎真的打到京城来了。周幽王赶紧把烽火点了起来。这些诸侯上回上了当，这回又当是在开玩笑，全都不理他。烽火点着，却没有一个救兵来，京城里的兵马本来就不多，只有一个郑伯友出去抵挡了一阵。可是他的人马太少，最后给敌人围住，自己也被乱箭射死了。周幽王和虢石父都被西戎杀了，褒姒也被掳走了。

【原文】

始春秋①，终战国②，五霸强③，七雄④出。

【注释】

①春秋：时代名。前770—前476年，因孔子作《春秋》而得名。

②战国：时代名。前475—前221年，因刘向编成《战国策》一书而得名。

③五霸强：五霸，指春秋时诸侯中势力强大、称霸一时的五位君主。《孟子·告子下》："五霸者，三王之罪人也。"赵岐注："五霸者，大国秉直道以率诸侯，齐桓、晋文、秦缪（同穆）、宋襄、楚庄是也。"

④七雄：指战国时的七个强国。《史记·六国年表·索隐》："六国，魏、韩、赵、楚、燕、齐，并秦凡七国，号曰'七雄'。"

春秋五霸之一齐桓公

【解说】

东周时期分为春秋时期和战国时期。自周平王东迁开始称为春秋时期（前770—前476年）共二百九十四年，自韩、赵、魏三家分晋后，史家称战国时期（前475—前221年）。

春秋时期产生了五位霸主，依序为齐桓公、宋襄公、晋文公、秦穆公、楚庄王，他们虽然标榜崇高的理想，实际上仍依赖武力称霸一时，甚至连周王室都被诸侯灭亡了。战国时期有七个诸侯国实力最强，魏、韩、赵、楚、燕、齐、秦七强并起，争雄天下。历史上称为"战国七雄"。

中国古代教育智慧

赵襄子

【故事】

三家分晋

经过春秋时期长期的争霸战争，许多小的诸侯国被大国吞并了。有的国家内部发生了变革，大权渐渐落在几个大夫手里。这些大夫原来也是奴隶主贵族，后来他们采用了封建的剥削方式，转变为地主阶级。有的为了扩大自己的势力，还用减轻赋税的办法来笼络人心，这样，他们的势力就越来越大了。

一向称为中原霸主的晋国，到了春秋末期，国君的权力也衰落了，实权由六家大夫把持。他们各有各的地盘和武装，互相攻打。后来有两家被打散了，还剩下智家、赵家、韩家、魏家。这四家中，又以智家的势力最大。

智家的大夫智伯瑶想侵占其他三家的土地，对三家大夫赵襄子、魏桓子、韩康子说："晋国本来是中原霸主，后来被吴、越夺去了霸主地位。为了使晋国强大起来，我主张每家都拿出户口和一百里土地来归给公家。"

三家大夫都知道智伯瑶存心不良，想以公家的名义来强迫他们交出土地。可是三家心不齐，韩康子首先把土地和一万家户口割让给智家；魏桓子不愿得罪智伯瑶，也把土地、户口割让了。

智伯瑶又向赵襄子要土地，赵襄子可不答应，说："土地是上代留下来的产业，说什么也不送人。"

智伯瑶气得火冒三丈，马上命令韩、魏两家一起发兵攻打赵家。

公元前455年，智伯瑶自己率领中军，韩家的军队担任右路，魏家的军队担任左路，三队人马直奔赵家。

赵襄子自知寡不敌众，就带着赵家兵马退守晋阳（今山西太原市）。

没过多长时间，智伯瑶率领的三家人马已经把晋阳城团团围住。赵襄子吩咐将士们坚决守城，不许交战。逢到三家兵士攻城的时候，城头上箭好像飞蝗似的落下来，使三家人马无法前进一步。

晋阳城凭着弓箭死守了两年多。三家兵马始终没有能把它攻下来。

赵氏大军

有一天，智伯瑶到城外察看地形，看到晋阳城东北的那条晋水，忽然想出了一个主意：晋水绕过晋阳城往下游流去，要是把晋水引到西南边来，晋阳城不就淹了吗？他就吩咐兵士在晋水旁边另外挖一条河，一直通到晋阳，又在上游筑起坝，拦住上游的水。

这时候正赶上雨季，水坝上的水满了。智伯瑶命令兵士在水坝上挖开了个豁口。这样，大水就直冲晋阳，灌到城里去了。

城里的房子被淹了，老百姓不得不跑到房顶上去避难，灶头也被淹没在水里，人们不得不把锅挂起来做饭。可是，晋阳城的老百姓恨透了智伯瑶，宁可淹死，也不肯投降。

智伯瑶约韩康子、魏桓子一起去察看水

中国古代教育智慧

围困中的晋阳城

势。他指着晋阳城得意地对他们两人说:"你们看,晋阳不是就快完了吗?早先我还以为晋水像城墙一样能拦住敌人,现在才知道大水也能灭掉一个国家呢。"

韩康子和魏桓子表面上顺从地答应,心里暗暗吃惊。原来魏家的封邑安邑(今山西夏县西北)、韩家的封邑平阳(今山西临汾县西南)旁边各有一条河道。智伯瑶的话正好提醒了他们,晋水既能淹晋阳,说不定哪一天安邑和平阳也会遭到和晋阳相同的命运。

晋阳被大水淹了之后,城里的情况越来越困难了。赵襄子非常着急,对他的门客张孟谈说:"民心固然没变,可是要是水势再涨起来,全城也就保不住了。"

张孟谈说:"我看韩家和魏家把土地割让给智伯瑶,是不是心甘情愿的,我想办法找他们两家说说去。"

当天晚上,赵襄子就派张孟谈偷偷地出城,先找到了韩康子,再找到魏桓子,约他们反过来一起攻打智伯瑶。韩、魏两家正在犹豫,经张孟谈劝说,自然都同意了。

第二天夜里,过了三更,智伯瑶正在自己的营里睡觉,猛然间听见一片喊杀的声音。他连忙从卧榻上爬起来,发现衣裳和被子全湿了,再定睛一看,兵营里全是水。他开始还以为是堤坝决口,大水灌到自己营里来了,赶紧叫兵士们去抢修。但是不一会儿，水势越来越大，把兵营全淹了。智伯瑶正惊慌不定时，四面八方响起了战鼓。赵、韩、魏三家的士兵驾着小船、木筏一齐冲杀过来。智家的兵士，被砍死的和淹死在水里的不计其数。智伯瑶全军覆没，他自己也被三家的人马逮住杀了。

赵、韩、魏三家灭了智家，不但把智伯瑶侵占两家的土地收了回来，连智家的土地也由三家平分。以后，他们又把晋国留下的其他土地也瓜分了。

公元前403年，韩、赵、魏三家打发使者上洛邑去见周威烈王，要求周天子把他们三家封为诸侯。周威烈王想，不承认也没有用，不如做个顺水人情，就把三家正式封为诸侯。打那以后，韩（都城在今河南禹县，后迁至今河南新郑）、赵（都城在今山西太原东南，后迁至今河北邯郸）、魏（都城在今山西夏县西北，后迁至今河南开封）都成为中原大国，加上秦、齐、楚、燕四个大国，历史上称为"战国七雄"。

豫让

智伯瑶被杀后，豫让为报其知遇之恩，不惜生命，多次寻机行刺赵襄子，虽终未成功，但其事迹可歌可泣。

中国古代教育智慧

秦始皇

【原文】

嬴秦氏①，始兼并②，传二世③，楚汉④争。

【注释】

①嬴秦氏：指秦始皇。秦为嬴姓，故称"嬴秦"。始皇名政，前246—前210年在位，为庄襄王之子。十三岁即位，由相国吕不韦掌权，十年废吕不韦，从此亲政，史称秦王政。至二十六年（前221年）统一天下，自号始皇帝。废封建，设置三十六郡，成为中国第一个实行中央集权的君主。后在出巡时，死于沙丘（今河北省平乡县东北）。见《史记·秦始皇本纪》。

②兼并：指并吞六国的土地。

③二世：秦朝的第二个君主。名胡亥，秦始皇次子，前209—前207年在位。后为权臣赵高所迫，自杀。见《史记·秦始皇本纪》及《李斯列传》。

④楚汉：指项籍与刘邦。项籍，字羽，秦末下相（今江苏省宿迁县西）人，少有奇才，力能扛鼎。祖先世世为楚将。秦二世时，随叔父项梁起兵吴中，大破秦兵，入函谷关，杀秦降王子婴，分封天下，自号为"西楚霸王"，后为刘邦所败，自刎于乌江。见《史记·项羽本纪》。

刘邦，字季，沛县丰邑（今江苏省丰县）人，汉代的开国君主，前256—前195年在位。秦末时，为泗水亭长，沛人拥立为沛公，与项羽共伐秦。秦灭后，项羽主政，封他到巴、蜀、汉中，号为汉王，后来出关，与项羽争天下，相约以鸿沟为界。至公元前202年，灭项羽而登帝位。国号汉，定都长安，在位十二年，庙号高祖。见《史记·高祖本纪》。

【解说】

此句叙述秦统一天下以及其承传。

秦王兼并六国，是用蚕食的办法。原先六国任用苏秦为相，采取"合从"（即合纵）政策，主张六国同盟，以联合围堵的策略，抗拒秦国。等到苏秦死后，秦用张仪，外交策略也由被动转为主动，提倡"连横"政策，主张秦国分别与六国和好，以突破孤立的局面；另外，六国也心存幻想，奢望结交秦国，就可避免受到秦国的侵略，结果反被秦国各个击破。在公元前230年，秦灭韩；公元前225年，灭魏；公元前223年，灭楚；公元前222年，灭燕、赵；公元前221年，灭齐，遂统一天下。

秦朝是我国历史上第一个中央集权的庞大帝国。秦始皇雄才大略，精力过人，却自私自大，残暴成性，对人民采取高压政策，非但要控制百姓的自由，而且焚毁民间藏书，企图控制人民的思想。他自己又贪图享乐，并役使百姓筑长城、修驰道、建阿房宫，传到第二代胡亥时就被项羽和刘邦推翻了。楚霸王项羽和汉王刘邦相争，两军交战七十多回合，最后项羽兵败自杀，天下又成统一的局面。

秦二世胡亥

中国古代教育智慧

项羽雕塑

【故事】

楚汉争霸

秦朝末年，伴随着陈胜、吴广领导的农民大起义，也出现许多反秦武装集团。其中，项羽和刘邦就是两支主要力量。在各地起义军风起云涌的情况下，秦王朝统治集团矛盾激化，赵高杀死秦二世，立子婴为王，子婴又杀死赵高。公元前206年，子婴向农民起义军投降，秦王朝的统治结束。

项羽带兵进入咸阳后，自立为西楚霸王，封刘邦为汉王。被项羽逼处巴蜀汉中一隅的刘邦，采纳萧何的策略，在汉中招揽人才，治理巴蜀作根据地。

公元前206年5月，项羽前去攻打田荣。刘邦趁机出兵，一个月内占领全部关中地区。接着向东挺进，直捣项羽的老窝彭城，楚汉战争爆发。

公元前206年至公元前202年，刘邦和项羽苦战五年，大战七十余次，小战四十余次。与此同时，刘邦派韩信北上收拾赵、魏、齐等地，开辟第二战场。与其他诸侯联合，拉拢彭越、英布等人，孤立项羽，逐渐转为优势。

项羽在已无盟友的情况下，无奈提出和刘邦"中分天下"，以鸿沟为界，河东属于楚，河西属于汉。但刘邦听从属下建议，于公元前203年底，汇合诸将合围项羽于垓下。项羽粮食吃光，援兵断绝。在寒冬的一个夜晚，项羽被围在一个山头，看到战场上旌旗遍野，鼓角齐鸣。项羽在四面楚歌中知道军心涣散，大势已去，只好与爱妾虞姬话别，连夜夺路突围。

天亮以后，刘邦闻讯立即派五千骑兵追赶。项羽渡过淮河后，只剩一百多人。

汉军追上，杀得项羽只剩二十八个残兵了。项羽跑到乌江边上，见前面茫茫乌江，后面滚滚追兵，走投无路，拔剑自刎。

公元前202年6月，刘邦统一中国，建立了汉朝。

楚霸王乌江自刎

中国古代教育智慧

刘邦

【原文】

高祖兴，汉业①建，至孝平②，王莽篡③。

【注释】

①业：伟业，基业。即事业的基础。

②孝平：西汉最后一个皇帝，即汉平帝。宣帝曾孙，元帝庶孙，中山孝王之子。年三岁嗣立为王，九岁即帝位，在位五年，后为王莽所弑。见《汉书·平帝纪》。

③王莽篡：王莽（前45—23年），字巨君，汉东平陵（今山东省历城县）人，汉元帝皇后的侄儿，成帝时为大司马。平帝即位，幼弱，莽遂揽朝政，号为"安汉公"。后弑平帝而立孺子婴，践阼摄政，称为"摄皇帝"。不久篡位自立，改国号为"新"，在位十五年，后为汉兵所杀。见《汉书·王莽传》。篡，以武力夺取君位。

【解说】

此句叙述西汉的开国及被篡。

汉高祖刘邦打败了项羽，建立汉朝的基业。这是历史上第一位平民皇帝，汉朝的帝位传到第十一代汉平帝时，被外戚王莽夺取了帝位。王莽篡汉后，改国号为新。

【故事】

王莽篡汉

王莽，字巨君，生于公元前45年，即汉元帝初元四年，死于公元23年，即王莽称帝时的地皇四年。王莽的显赫和他的家族有着直接的关系，他的姑姑是汉元帝的王皇后。

公元前33年，汉元帝病死，儿子刘骜即位，即汉成帝。汉成帝尊生母王皇后为皇太后。此后，王氏家族开始显赫朝野，国舅王凤做了大司马大将军并领尚书事，为当朝第一权臣，他的其他兄弟，也就是王莽的伯伯、叔叔都封了侯，但王莽的父亲王曼因为早亡，没能封侯，这使王莽和其他堂兄弟相比寒酸了许多。

家境的贫困使得王莽从小就谦逊有礼，而且节俭勤奋，拜名士为师，虚心学习，苦读经书。回到家里，也是很恭敬地孝顺母亲和寡居的嫂子，负责教育已亡兄长的孩子。他还广交朋友，对待掌握朝政大权的叔叔、伯伯们，他更是恭敬有加。

汉成帝

公元前22年，即汉成帝阳朔三年，王莽的伯父、独掌朝政的王凤生病休养在家，王莽侍奉左右，几乎寸步不离，还自己亲口尝药，以免烫着伯父，前后几个月没有解开衣带好好休息，其孝道超过了伯父的儿子们，这使王凤极其感动，临死时请求皇太后和成帝委任王莽官职，太后和成帝都答应了。不久，王莽就做了黄门郎，没多少时间成帝便升王莽做了射声校尉。

公元前16年，王莽的叔父成都侯王商请求成帝将自己的户邑分封给王莽。同时，很多的名士也联名上书，赞誉王莽的人品和才德。

中国古代教育智慧

汉哀帝

汉成帝便顺水推舟,封王莽为新都侯,食邑一千五百户,晋升为骑都尉光禄大夫侍中。

不久,任大司马大将军的叔叔王根推荐王莽代替自己摄政。公元前8年,成帝升王莽为大司马。这时的王莽不足四十岁。

公元前7年,成帝死去,因没有儿子,元帝的孙子刘欣即位,就是汉哀帝,这样就使其母亲傅姓一系亲属成了外戚,与王氏势力发生了权力之争。王太后为了稳定朝政,让王莽辞去官职。王莽在京城闲住两年后,被汉哀帝赶回了南阳的封地。

回乡后的王莽没有消沉,他对名士更加礼遇。儿子杀死了一个奴隶,这在当时本来不是大事。因为法律有规定,主人对奴隶有生杀之权,即使是冤杀,受点处罚便可以了事,但王莽借题发挥,他竟然最终让亲生儿子自杀偿命。

王莽的行为起了作用,众多大臣纷纷为他求情,要求恢复他的官职。恰好这年又发生了日食,这在封建社会是一种惩罚的征兆,说明皇帝政事有错误的地方。这又成了为王莽说情的大臣们借题发挥的好借口。汉哀帝只好下诏将王莽召回京城。

王莽回京一年之后,汉哀帝死去,他也没有儿子,结果王莽在姑姑太皇太后的支持下做了新帝汉平帝的辅政大臣。接着,王莽将傅姓外戚赶出了京城,而他自己却当上了"安汉公"。

为了巩固自己的权势,王莽又设法让女儿

做了平帝的皇后。然后，王莽得到了"宰衡"的称号，位居上公。平帝逐渐对王莽不满，但未等平帝采取措施，便被王莽毒死了。然后，王莽又将刚两岁的刘婴扶上帝位，自己则当起了"摄皇帝"。

公元9年，王莽终于宣布取代汉，改国号为"新"。

王莽

中国古代教育智慧

汉光武帝刘秀

【原文】

光武①兴，为东汉②，四百年，终于献③。

【注释】

①光武：即汉光武帝刘秀（前6—57年）。刘秀，字文叔，汉高祖九世孙，生长在民间。新莽末年，刘秀起兵于宛（今河南省南阳县），受命于更始帝刘玄，为太常偏将军，破莽军于昆阳。

②东汉：朝代名（25—220年），也称后汉。王莽篡汉，刘秀以汉宗室起兵讨伐，平定群雄而有天下，是为光武帝，传八世十四主，至献帝时为曹丕所篡，共一百九十六年。汉代自刘邦开国，定都长安，而光武帝改都洛阳，故称东汉。

③献：指汉献帝。献帝，名协（181—234年），灵帝之子。在位三十一年，始终受制于董卓、曹操等，后为曹丕所篡，被废为山阳公。见《后汉书·献帝纪》。

【解说】

此句叙述东汉的起迄和汉代的国祚。汉光武帝刘秀中兴汉室，推翻王莽，在洛阳建都，史称东汉（王莽以前的时代称为西汉）。两汉共传了四百多年，到汉献帝时国家就亡了。

【原文】

蜀魏吴①，分汉鼎②，号三国③，迄两晋④。

【注释】

①蜀魏吴：蜀，三国时国名（221—263

年）。汉献帝为魏所篡，刘备以汉宗室在蜀（今四川省）称帝，继承汉统，国号"蜀"，都成都，史称蜀汉。传二世二主，四十三年。

魏，三国时国名（220—265年）。东汉献帝时，曹丕篡汉称帝，国号"魏"，都洛阳。领有十三州。后来灭蜀汉。至265年，为司马炎所篡。传三世五主，四十六年。

吴，三国时国名（222—280年）。魏蜀相继称帝后，孙权亦占据江东称帝，都建业（今南京市），国号"吴"。传三世四主，五十九年。

②汉鼎：指汉朝的帝位。相传夏禹收九州之金，铸成九鼎，作为传国的宝器，后来遂用"鼎"来象征政权或王位。

③三国：时代名（220—265年）。由当时的魏、蜀、吴三国鼎立而得名。三国之中，魏最强大，但因吴、蜀联盟，所以魏始终无法统一天下。

④两晋：指西晋与东晋。

晋代自武帝（司马炎）泰始元年（265年）至愍帝（司马邺）建兴四年（316年），定都洛阳，共五十二年，史称西晋。

自元帝（司马睿）建武元年（317年）迁都建康（即建业，因避愍帝司马邺的名讳，改名建康），至恭帝元熙二年（420年），共一百零四年，史称东晋。

【解说】

东汉末年，魏、蜀、吴争夺天下，形成三

刘备

宋武帝刘裕

国相争的局面。后来魏灭了蜀国和吴国,但被司马炎篡夺了帝位,建立了晋朝,才结束了纷乱的局面。晋又分为西晋和东晋两个时期。

【原文】

宋齐①继,梁陈②承③,为南朝④,都金陵⑤。

【注释】

①宋齐:两朝代名。

宋,南朝之一(420—479年)。东晋末年,刘裕篡晋称帝,国号"宋",是为宋武帝,都建康(即金陵),史称刘宋。领土在今黄河以南、长江和珠江流域一带。后为权臣萧道成所篡。传八主,六十年。

齐,南朝之一(479—502年)。萧道成篡宋自立,国号"齐",是为齐高帝,都建康,史称南齐。据有今长江、珠江流域。因君王无道,骨肉相残,终为雍州刺史萧衍所篡。传四世七主,二十四年。

②梁陈:两朝代名。

梁,南朝之一(502—557年)。萧衍篡齐称帝,国号"梁",是为梁武帝,都建康。武帝在位四十八年,勤政爱民,并大败北魏;晚年因笃信佛教,不务朝政,又因侯景之乱,元气大伤,传到敬帝,终为陈霸先所篡。传三世四主,五十六年。

陈,南朝之一(557—589年)。吴兴的陈霸先起而代梁称帝,国号"陈",是为陈武帝,都建康。是南朝中唯一由南方人所建立的王朝。传至后主叔宝,为隋所灭。传三世五主,三十三年。

③承:继承,沿袭,沿续。

④南朝:时代名(420—589年)。晋亡后,当时南方相继建立的宋、齐、梁、陈四个朝代合称为南朝。领土约当三国时的吴、蜀旧地,即今淮水以南地带。四朝均建都于建康,各朝代的国祚都很短,由刘裕篡东晋到陈后主降隋,共一百七十年。

⑤都金陵:都,定都。金陵,即今南京市,又名建业、建康。战国时楚置金陵邑,秦改称秣陵。三国时吴迁都于此,改名建业,晋时避愍帝(司马邺)的名讳,改为建康。

梁武帝萧衍

【解说】

此句叙述南朝四代的更替。

自东晋以来,外族常入寇中原,而且盘踞北方,建都立国,这些外族,虽然文化较低,但由于长期汉化的结果,政教日上轨道,国力在南朝之上,所以在一百多年间,南朝非但不能匡复失地,而且常被北朝入侵,国界日缩。

晋朝王室南迁以后,不久就衰微了,继之而起的是南北朝时代。南朝包括宋、齐、梁、陈,这四朝都以金陵为国都。

【故事】

饿死的"和尚皇帝"

梁武帝萧衍(464—549年),字相达,齐高帝萧道成族人。其父萧顺之曾助族兄萧道成

杜牧

创齐，官至顿军将军、丹阳尹。萧衍博览群书，有文武才干，曾被齐竞陵王萧子良召入为西职，与沈约、谢朓等著名文士合称"竞陵八友"。萧衍因助齐明帝杀齐武帝诸子，被迅速提升，齐明帝死前，任命他为持节、都督雍梁南北秦四州的雍州刺史。萧任雍州刺史后不久，齐东昏侯萧宝卷即位，杀戮大臣，乱事四起，萧衍起兵，一年后攻下建康，杀萧宝卷，追贬他为东昏侯。次年四月，萧衍又以梁王的身份取代他拥立的齐相帝萧宝融，建立梁朝。

梁武帝笃信佛教，且造诣极深。他在位时，佛教在梁朝盛极一时，仅当时的建康城内外就有佛寺五百多所，僧尼十万余人。

"千里莺啼绿映红，水村山郭酒旗风。南朝四百八十寺，多少楼台烟雨中。"这是唐代诗人杜牧的名作，诗中以生动的语言描绘了南朝佛教的兴盛。

504年，梁武帝亲自率领僧俗两万人在重云殿的重云阁撰写了《舍道事佛文》。

梁武帝还曾舍身到同泰寺（今南京鸡鸣寺）当和尚。所谓舍身，一是舍资财，即把自己的所有身资舍给寺庙。还有一种是舍自身，就是自愿加入寺庙为众僧服役。梁武帝于527年、529年、547年三次舍身。第一次舍身是四天，最后一次长达三十七天。而每一次都是朝廷用重金将其赎回，寺庙因他又获得了可观的收入。

梁武帝一心崇佛，荒废了朝政，社会矛盾

不断激化。

梁武帝早年无子,过继侄儿萧正德为嗣子做太子,后来梁武帝生了个儿子,取名萧统,随即被立为太子,而侄子萧正德被改封为西丰侯。这让萧正德心里愤愤不满。正在此时,东魏大将侯景因与政敌高欢不合,转投了梁朝,梁武帝封他为河南王。侯景为人阴险奸诈,他看到皇族矛盾重重,认为有机可乘,于是勾结萧正德起兵发动政变,答应事成之后让萧正德做皇帝。最后叛军攻进了建康城,困住了宫城,后又引武湖水去漫宫城。梁武帝这位和尚皇帝被困在宫里一筹莫展,也没有人过问,这位皇帝最后竟被活活饿死在宫里。

昭明太子萧统

无独有偶,《中华野史镜鉴》上也曾记载:"太清三年(549年)三月,侯景攻下宫城。萧衍饮食断绝,口中苦涩,连呼:'蜜!蜜!'"最后饿死于净居殿,时年八十六岁。萧正德最终也没做成皇帝,事成后被侯景杀死。

中国古代教育智慧

高欢

【原文】

北元魏①，分东西②，宇文周③，与高齐④。

【注释】

①北元魏：即北魏（386—534年）。朝代名，北朝之一。东汉末年，鲜卑族拓跋氏据有匈奴旧地，晋武帝太元十一年，拓跋珪占有盛乐，自立为代王，后改称帝，国号魏，史称北魏或后魏，也称元魏或拓跋魏。起初建都平城，孝文帝时迁至洛阳，力行汉化，国力鼎盛。领土有今河北、山西、山东、甘肃的全部，江苏、河南、陕西三省的北部，与辽宁省的西部等地。后分裂为东魏、西魏。共十二主，一百四十九年。

②东西：指东魏和西魏。

西魏，北朝之一（535—557年）。北魏传至孝武帝时，因权臣高欢专恣跋扈，帝西奔关中，依附镇守长安的鲜卑人宇文泰，并且迁都长安，史称西魏。传至恭帝时，为宇文泰三子宇文觉所篡。传三主，二十三年。

东魏，北朝之一。北魏孝武帝西奔投靠宇文泰后，高欢别立孝静帝，迁都于邺（今河南省临漳县西），史称东魏，据有洛阳以东北魏领土。后为高欢次子高洋所篡。共十七年。

③宇文周：指宇文觉所建的北周。宇文觉为宇文泰第三子，字罗尼。西魏恭帝时，袭父官爵，任太师、大冢宰，封周公；后篡位自立，国号周，史称北周或宇文周。后为宇文护所杀，谥孝闵。

④高齐：指高洋所建的北齐。高洋为高欢次子。东魏时累封为齐王，不久废孝静帝，自立为王，国号齐，史称北齐或高齐，以别于南朝萧道成所建的齐。初年尚能留心朝政，后以功业自矜，荒淫无度。在位十年，谥文宣。

【解说】

此句解析北朝的兴替。

北朝的情形，较南朝复杂很多。远在西晋末年，北方的外族便开始大举入侵，晋室南迁，是为"五胡乱华"（五胡是：匈奴、羯、鲜卑、氐、羌）。这些外族先后在北方建立了前赵、前汉、前凉、后赵、前燕、前秦、后秦、后燕、西秦、后凉、南凉、南燕、西凉、北凉、夏、北燕等十六个国家，史称"五胡十六国"。

到了439年，才由魏太武帝拓跋焘统一北方，史称"北魏"或"后魏"，传至孝文帝拓跋宏，他注重礼乐及教育，又施行汉化政策，改姓元，故称元魏，在历史上颇为有名。至孝武帝时分裂为东西魏，宇文周篡西魏，建立北周，高洋篡东魏建立北齐。具体而言，到孝武帝元修时，权臣高欢等把持朝政，元修便向西发展，都长安，后由孝文帝的孙子元宝炬即位，是为"西魏"；而高欢另立孝静帝元善，迁都于邺，是为"东魏"。所以自535年开始，魏便分裂成两个对立的国家。这两个国家，后来都被权臣所篡：东魏被高欢的儿子高洋强迫禅位，高洋改号为齐，史称"北齐"或

高洋

魏孝文帝

"高齐";西魏至恭帝元廓(后恢复本姓为拓跋廓)时,被宇文觉强迫禅位,宇文觉改号为周,史称"北周"或"宇文周"。

【故事】

孝文帝改革

北魏自从太武帝死去后,政治腐败,鲜卑贵族和大商人压迫人民,不断引起北方人民的反抗。471年,魏孝文帝即位后,决心改革。

魏孝文帝规定了官员的俸禄,严厉惩办贪官污吏;实行了"均田制",把荒地分配给农民,成年男子每人四十亩,妇女每人二十亩,让他们种植谷物,另外还分给桑地。农民必须向官府交租、服役。农民死了,除桑田外,都要归还官府。这样一来,开垦的田地多了,农民的生产和生活比较稳定,北魏政权的收入也增加了。

魏孝文帝是一个政治上有作为的人,他认为要巩固魏朝的统治,一定要吸收中原的文化,改革一些落后的风俗。为此,他决心把国都从平城(今山西大同市东北)迁到洛阳。

他怕大臣们反对迁都的主张,先提出要大规模进攻南齐。大臣纷纷反对,最激烈的是任城王拓跋澄。

孝文帝单独召见拓跋澄,跟他说:"我真正的意思是觉得平城是个用武的地方,不适宜改革政治。现在我要移风易俗,非得迁都不行。这次我出兵伐齐,实际上是想借这个机会,带领文武官员迁都中原,你看怎么样?"

拓跋澄恍然大悟,马上同意魏孝文帝的主张。

493年,魏孝文帝亲自率领步兵、骑兵三十多万南下,从平城出发,到了洛阳。正好碰到秋雨连绵,足足下了一个月,到处道路泥泞,行军发生困难。但是孝文帝仍旧戴盔披甲骑马出城,下令继续进军。

孝文帝与群臣

大臣们本来不想出兵伐齐,趁着这场大雨,又出来阻拦。孝文帝严肃地说:"这次我们兴师动众,如果半途而废,岂不是给后代人笑话。如果不能南进,就把国都迁到这里。诸位认为怎么样?"

一个贵族说:"只要陛下同意停止南伐,那么迁都洛阳,我们也愿意。"许多文武官员虽然不赞成迁都,但是听说可以停止南伐,也都只好表示拥护迁都了。

孝文帝把国都迁到洛阳以后,决定进一步改革旧的风俗习惯。

接着,孝文帝就宣布几条法令:改说汉语,三十岁以上的人改口比较困难,可以暂缓,三十岁以下、在朝廷做官的,一律要改说汉语,违反这一条就降职或者撤职;规定官民改穿汉人的服装;鼓励鲜卑人跟汉族的士族通婚,改用汉人的姓。北魏皇室本来姓拓跋,从那时候开始改姓为元。魏孝文帝名元宏,就是

改穿汉服

用了汉人的姓。

魏孝文帝大刀阔斧的改革,使北魏政治、经济有了较大的发展,也进一步促进了鲜卑族和汉族的融合。

【原文】

迨①至隋②，一土宇③，不再传④，失统绪⑤。

【注释】

①迨：到，及，等到。

②隋：朝代名（581—618年）。北周时杨坚受封于随，后起而篡周，灭陈、梁而有天下。因随字从辵，有奔走不宁之意，故改随为隋，并定为国号，是为隋文帝。都大兴（今陕西省长安县）。疆域东至于海，西至甘肃、四川各省，南到越南，北至绥远、热河两省南部。由于坚子炀帝骄奢荒暴，天下大乱，再传恭帝，终为李渊所篡。共四世三主，三十七年。

③一土宇：统一天下。一，当动词用，是统一、一统的意思。土宇，即国土、封疆。

④不再传：不再传位。指隋文帝只传位到了炀帝，隋朝就灭亡了。

⑤失统绪：丧失国统绪业。统，指世代继承不绝的统系。绪，指事业。

隋文帝杨坚

【解说】

此句叙述隋朝的建立与灭亡。

杨坚（即隋文帝）本来是北周的宰相，也是北周宣帝的岳父。他篡位后，又灭了南朝的陈，统一天下，结束了南北对立的局面。他勤政爱民，节俭务实，能知民生疾苦。只可惜识人不明，他因故废了太子杨勇，改立次子杨广为嗣，没想到杨广（即炀帝）野心很大，竟然弑父杀兄，即位后荒淫无道，穷兵黩武，自幼又好大喜功，连年征讨使，天下大乱，民不聊

中国古代教育智慧

唐高祖李渊

生，引起群雄并起，各方声讨，只传了一代，才三十七年隋朝就灭亡了。炀帝于南游广陵时，被臣下宇文化及所杀。

【原文】

唐高祖①，起义师②，除隋乱，创国基③。

【注释】

①唐高祖：唐代开国君主（566—635年）。姓李，名渊，字叔德，陇西成纪（今甘肃省天水县）人。本仕隋，袭爵封唐公，任太原留守。隋朝末年，王室衰微，天下大乱，各地平民起义，李渊与子建成、世民等起兵晋阳，攻入长安，次年自立称帝，国号"唐"，年号武德。统一国内后，征服突厥和西域诸邦，威名远播。在位九年，传给李世民，自称太上皇，不问国政。贞观九年崩。

②义师：正义之师。即为正义而战的军队。

③国基：国家的基础，根基。

【解说】

此句叙述唐朝的兴起。唐高祖李渊起兵反隋，平定了隋末的纷乱，创建了唐王朝的二百八十九年的国基。

唐高祖李渊，本来也是北周的官，世袭为"唐国公"。隋朝末年，萧铣、李密、王世充、窦建德、薛举、李轨等，纷纷竞起，天下大乱。当时李渊为太原留守，他的次子李世民，素具雄心，乘机劝他举事，于是他攻入长安，建立起自己的政权。国号为"唐"，是为唐高祖。其后陆续平定群雄，建立了唐朝立国的基业。

【原文】

二十传①，三百载②，梁③灭之，国乃改。

【注释】

①二十传：传指承袭、传承帝位。句中所提及的"二十传"，指唐代历经高祖、太宗、高宗、中宗、睿宗、玄宗、肃宗、代宗、德宗、顺宗、宪宗、穆宗、敬宗、文宗、武宗、宣宗、懿宗、僖宗、昭宗、哀帝，共二十主。

②三百载：唐朝统治共二百九十多年，取其整数，故称三百年。

③梁：朝代名。即指后梁（907—923年），五代之一。朱温篡唐称帝，改国号为梁。建都汴（今河南省开封县治），史称后梁。疆域有今河南、山东及河北、陕西、湖北的一部分。梁与后唐的前身后晋，时有战争。朱温死后，诸子争位，骨肉相残，后被后唐李存勖所灭。共二世二主，十七年。

后梁太祖朱温

【解说】

此句解析唐朝帝位的承传、国祚与灭亡。

唐朝的统治近三百年，总共传了二十位皇帝。唐玄宗统治的前期人称"开元盛世"，但后期却发生了"安史之乱"，唐朝从此开始衰落。到唐哀帝被朱温篡位，建立了梁朝，唐朝从此灭亡。为和南北朝时期的梁相区别，历史上称为后梁。

中国古代教育智慧

后唐庄宗李存勖

【原文】

梁唐晋①，及汉周②，称五代③，皆有由④。

【注释】

①唐晋：唐朝和晋朝。

唐，朝代名（923—936年），五代之一。李存勖所建，都洛阳，国号"唐"，史称后唐。李存勖骁勇善战，并灭岐和前蜀，领土在五代中最为广大；后渐荒恣，疏于朝政，被李嗣源取而代之，最后灭于后晋。共二世四主，十四年。

晋，朝代名（936—946年），五代之一。石敬瑭叛后唐，勾结契丹，灭唐自立，改国号为晋，迁都汴，史称后晋。石敬瑭乃契丹所立的儿皇帝，并割燕云十六州赠予契丹。子出帝即位后，对契丹拒不称臣，为契丹所灭。共二世二主，十一年。

②汉周：汉和周。

汉，朝代名（947—950年），五代之一。契丹灭后晋后，入主中原，不久即北还。河东节度使刘知远在晋阳（今山西省晋源县）起兵，随即在开封称帝，改国号为汉，史称后汉，据有河北诸镇。传隐帝，后为郭威所篡。共二世二主，四年。

周，朝代名（951—960年），五代之一。951年，后汉隐帝被杀，又值契丹来侵，邺郡留守郭威奉太后命出兵抗敌，军队到澶州时，郭威发动兵变，自立为帝，改国号为周，都汴（今河南省开封县治），史称后周。养子柴荣即位，是为周世宗，文治武功为五代君主中最卓著者。后突染重病去世，恭帝即位，赵匡胤发动兵变，建立宋朝，国遂亡。共三世三主，十年。

③五代：五个朝代。指后梁、后唐、后晋、后汉及后周。

④由：原因，缘由，因由。

【解说】

此句叙述五代的迭兴。

后梁、后唐、后晋、后汉和后周五个朝代的更替，历史上称作五代，这五个朝代的兴衰、更替都是有着一定的原因的。

唐朝末年，黄巢作乱，最后虽被王室平定，可是唐帝国的颓势已经无法挽回，终为梁王朱温所篡，改国号为梁，定都于汴，从此便进入了"五代十国"的时代。

后周世宗柴荣

【原文】

炎宋①兴，受周禅②，十八传，南北混③。

【注释】

①炎宋：宋朝的别称。宋人认为赵氏受命为帝王正值五行的火运，具有火德，故称炎宋。秦汉时阴阳家有五德之说，即以金、木、水、火、土五行相生相克的道理来附会帝王朝代的更替和人事的兴衰，其源始于战国时齐人邹衍。

五代末，后周恭帝即位，禁军领袖殿前都点检赵匡胤，在陈桥驿发动兵变，取代后周称帝，国号宋，是为宋太祖，并先后平定群雄，

中国古代教育智慧

宋太祖赵匡胤

结束了五代以来扰攘的局面。

②受周禅：接受后周恭帝的禅让。禅，即禅位，禅让。指帝位不传子孙而让给有才德的人。古代王者受命，则有封禅（封为祭天，禅为祭地），故称传位给贤者为禅。

③南北混：南北，指南方和北方。混，合二为一，一统，统一。

【解说】

此句叙述两宋的兴衰。

宋朝的开国皇帝赵匡胤本来是后周的官员，官拜"殿前都点检"，统御禁军。公元960年，朝廷命他率兵伐辽，大军行至开封以北不远的陈桥驿，发生兵变，军士一致拥戴赵匡胤为天子，这就是历史上有名的"陈桥兵变"。赵匡胤在部队簇拥下返回京师，接受后周的禅让（实际上是逼后周恭帝逊位），改国号为宋，是为宋太祖。宋朝的专制中央集权进一步强化，尽管消除了唐后期藩镇割据、宦官专权、朋党之争的弊端，但它过分削弱地方力量，使州县日益困弱、无力抵抗外侵，成了一个积贫积弱、苟且偷安的朝代。

宋朝自太祖即位，都汴京（今河南省开封市），历经太宗、真宗、仁宗、英宗、神宗、哲宗、徽宗、钦宗六世九主，一百六十八年，史称北宋。疆域除河北、山西两省的北部和云南、贵州两省的南部外，并领有长城以南各省。北宋自开国以来，内忧外患，相继不绝，加上在政治上采取中央集权、重文轻武，只提倡文治不讲究军事，国势大衰，因此积弱不振。神宗时王安石的变法，更导致新旧党争，使得元气大伤。

1126年靖康之难，徽、钦二帝为金人所掳，康王赵构南渡称帝，在临安（今浙江省杭州市）即位，自后北方遂为金人所盘踞，南宋疆土只剩淮、汉以南一带，加以权臣弄政，国力更弱。高宗以后，历经孝宗、光宗、宁宗、理宗、度宗、恭帝、端宗、卫王七世九主，一百五十三年，史称南宋。两宋共十八传。而自南宋中叶前后，由于蒙古势力日渐扩大，先在1234年并吞北方的金，又于1279年灭了南宋，建立元朝，于是南北再度统一。

【故事】

黄袍加身

宋太祖赵匡胤在后周时期，任殿前都点检，领宋州归德军节度使，掌握兵权。

周世宗柴荣死后，他七岁的儿子柴宗训即位。这时，赵匡胤看到夺取后周政权的条件已经成熟，于是精心策划了一场历史上有名的"陈桥兵变"。

公元960年春节，后周朝廷正在举行朝见大礼的时候，忽然接到边境送来的紧急战报，说北汉国主和辽朝联合，出兵攻打后周边境。

赵匡胤接到出兵命令，立刻调兵遣将，过了两天，就带了大军从汴京出发。跟随他的还

兵临城下

中国古代教育智慧

黄袍加身

有他弟弟赵光义和亲信谋士赵普。

当天晚上,大军到了离开京城二十里的陈桥驿,赵匡胤命令将士就地扎营休息。兵士们倒头就呼呼睡着了,一些将领却聚集在一起,悄悄商量。有人说:"现在皇上年纪那么小,我们拼死拼活去打仗,将来有谁知道我们的功劳,倒不如现在就拥护赵点检做皇帝吧!"

赵光义和赵普听了,暗暗高兴,一面叮嘱大家一定要安定军心,不要造成混乱,一面赶快派人告诉留守在京城的大将石守信、王审琦。

没多久,这消息就传遍了军营。将士们全起来了,大家闹哄哄地拥到赵匡胤住的驿馆,一直等到天色发白。

赵匡胤当夜很少见地喝了点酒,睡得挺熟,一觉醒来,只听得外面一片嘈杂的人声,接着,就有人打开房门,高声地叫嚷,说:"请点检做皇帝!"

赵匡胤赶快起床,还没来得及说话,几个人把早已准备好的一件黄袍,七手八脚地披在赵匡胤身上。大伙跪倒在地上磕了几个头,高呼"万岁"。接着,又推又拉地把赵匡胤扶上马,请他一起回京城。

赵匡胤骑在马上,才开口说:"你们既然立我做天子,我的命令,你们都能听从吗?"

将士们齐声回答说:"自然听陛下命

令。"

赵匡胤就发布命令：到了京城以后，要保护好周朝太后和幼主，不许侵犯朝廷大臣，不准抢掠国家仓库。执行命令的将有重赏，否则就要严办。

赵匡胤本来就是禁军统帅，再加上有将领们拥护，谁敢不听号令。将士们排好队伍开往京城。一路上军容整齐，秋毫无犯。

到了汴京，又有石守信、王审琦等人作内应，没费多大劲儿就拿下了京城。

周恭帝让了位。赵匡胤即位做了皇帝，国号"宋"，定都东京（今河南开封）。历史上称为北宋。赵匡胤就是宋太祖。至此，经过五十多年混战的五代时期，宣告结束。

石守信

中国古代教育智慧

司马迁

【原文】

十七史①，全在兹②。载治乱③，知兴衰。

【注释】

①十七史：指《史记》《汉书》《后汉书》《三国志》《晋书》《宋书》《南齐书》《梁书》《陈书》《魏书》《北齐书》《周书》《隋书》《南史》《北史》《唐书》《五代史》等十七部史书。

②兹：此，这，这里。

③治乱：太平与纷乱。

【解说】

此句总论十七史的内容和价值。

截至宋以前的史书，共有十七部，历代发生的史事都在其中，它记载着历代的太平与动乱，读了它便可以明白国家兴盛和衰亡的道理。

【原文】

读史者，考实录①。通古今②，若亲目③。

【注释】

①实录：真实的记录。此处指原始的史料。

②通古今：指明白古今史实及演变、更替的趋势。司马迁《报任少卿书》："亦欲以究天人之际，通古今之变，成一家之言。"

③亲目：亲历，亲眼目睹。

【解说】

此句解析读史的方法，必须要考察记载历史事实的资料，有一分证据，说一分话，有十分证据，说十分话。如此才能真正通晓古往今

·120·

来的历史，就如同亲眼目睹一样。

读史的目的，除了鉴往知来，得到宝贵的教训外，还要了解古今历史演变的规律和发展的趋势。唯有这样，才能探得历史的真相。中国的历史十分悠久，前面提到的不过是一个简单轮廓，要想真正掌握，必须翻阅各朝各代的历史资料，深入进行了解和研究。历史是面镜子，我们可以从这面镜子中吸取许多宝贵的历史教训。

【原文】

口而①诵，心而惟②。朝于斯③，夕于斯。

【注释】

①而：用法同"以"，凭借，用来。
②惟：思考，思量，考虑。
③斯：代名词，同"此"。指读书。

【解说】

本句指出读书的要领及方法。

读书的时候，为了促进记忆，不但要开口念出声音，同时也要用脑筋来思考书中的义理。因为如果诵而不思，所读的内容根本没有进入大脑，那将会"不知所云"；对于古人的话语，如果不能用理智去判断，而一味信从，那就是"人云亦云"了。

无论是前者或后者，都不能让我们获得真正的知识。只有用口去读，去背，同时还要用心去思考，此外，读书最怕的是一曝十寒，所以我们要持之以恒，博学之、审问之、慎思之、明辨之、笃行之。反复诵读，不但白天

魏征

魏征善于进谏，他死后，唐太宗说："夫以铜为镜，可以正衣冠；以古为镜，可以知兴替；以人为镜，可以知得失。我常保此三镜，以防己过。今魏征殂逝，遂亡一镜矣。"

中国古代教育智慧

康熙读书图

用功,晚上也要不断地精进,才能熟记不忘,才能深入了解。古人说:"读书百遍,其义自见。"正是这个道理。

五、昔仲尼，师项橐

【原文】

昔仲尼①，师项橐②，古圣贤③，尚勤学。

【注释】

①仲尼：即孔子（前551—前479年）。春秋时鲁国（今山东省曲阜县）人。名丘，字仲尼。

②项橐：春秋人。生平不详。传说七岁时曾为孔子老师。橐，也作托。见《战国策·秦策五》《史记·卷七十一·樗里子甘茂列传》。

③圣贤：圣人与贤者。指才能、智能、品德达到最高境界的人。

【解说】

此句举出孔子求学的例子，解析古人的好学，以激励孩童。

从前孔老夫子听说鲁国有一位七岁神童项橐，虽然只有七岁，夫子依然把他当作老师一般请教。像孔夫子这样的圣人贤者，尚且如此勤于学习，何况我们这些普通人呢？

孔子曾经拜郯子学礼仪，拜长弘和师襄学乐曲，拜老子学人生哲学。孔子曾说过：三个人一起同行，其中一定有一个人值得我向他学习和效法的。像孔老夫子这样的圣贤，还这样不耻下问，我们更应该见贤思齐。

郯子

郯子（生卒年月不详），己姓，子爵，春秋时期郯国国君，少昊氏后裔。

公元前525年，郯子朝鲁，鲁大夫昭子问及少昊氏以鸟名官之故，郯子回答甚详。这件事载入史册，流誉后世，留下了关于古代管制形成和远古氏族演变的重要资料。时年仅二十七岁的孔子，听到此事后，"见于郯子而学之"，遂有"孔子师郯"之说。

中国古代教育智慧

孔子让路

【故事】

项橐三难孔夫子

孔子说过,"人有生而知之者,有学而知之者,有学而不知者"。即使是生而知之者还是要学习,有的人天分很高很聪明,但是不认真求学问,倚仗自己的天才胡作非为,就把自己给毁了。孔子是圣人,但他曾向七岁的项橐请教问题,给后人做了好榜样。

项橐是春秋时期的神童,孔子曾经向他请教过问题,所以被后世尊为"圣公"。相传,孔子有一次与弟子们东游。待车马行至齐地纪障城的时候,大道边上有几个戏耍的玩童,有一童子立于路中不动。子路见状,停车呵斥道:"小孩子怎么不让车呢?碰到怎么办?"

童子说:"城池在此,车马安能通过?"孔子探身道:"城在何处?"童子说:"筑于足下。"孔子下车观看,果见小儿立于石子、瓦片摆成的"城"中。童子问:"是城让车马,还是车马让城?"孔子笑道:"好伶俐的童子!请问你叫什么名字,多大年龄?"

小儿答道:"我叫项橐,年七岁。请问您是哪一位?"孔子答道:"我是鲁国孔丘。"

项橐惊道:"您就是鼎鼎大名的孔夫子!那么我请教您三个问题,答得出来我就让城让路,答不出来就请绕城而过。"

孔子觉得项橐小孩很有意思，笑道："一言为定！"

项橐说："天地人为三才，请问天有多少星辰、地有多少五谷、人有多少眉毛？"

孔子师项橐画像石

孔子摇头说："我还真的不知道。"项橐得意道："天有一夜星辰，地有一茬五谷，人有黑白两根眉毛。"

项橐再问："请问什么水没有鱼？什么火没有烟？什么树没有叶？什么花没有枝？"孔子答道："江河湖海，水中都有鱼；柴草灯烛，是火就有烟；没有叶不成树，没有枝又哪里有花呢？"项橐听后晃着脑袋说："是井水没鱼，萤火没烟，枯树没叶，雪花没枝。"

项橐又问："什么山上无石？什么车无轮？什么牛无犊？什么马无驹？什么男人没有妻子？什么女人没有丈夫？"孔子逗他道："啊呀，我还是不知道。"项橐又道："土山无石，轿车无轮，泥牛无犊儿，木马无驹儿，神仙无妻，仙女无夫。"

孔子心中实在是敬佩这个七岁的孩子，于是向项橐行礼，绕城而过。这就是后世传说的"项橐三难孔夫子"的故事。

项橐三难孔子的故事盛传之后，各国诸侯都派人打探项橐的住处。为避祸项橐就藏到山里，但被吴国、齐国的武士发现了。两国武士为争夺项橐打斗起来，吴人看劫持不成就将项橐刺死了，其时项橐年仅十二岁。

中国古代教育智慧

赵普

【原文】

赵中令①，读鲁论②，彼既仕③，学且④勤。

【注释】

①赵中令：即赵普（922—992年）。宋幽州蓟（今北京大兴县西南）人，字则平，是辅佐宋太祖赵匡胤建立王朝的功臣，累官至枢密使、中书令，故称赵中令。太祖收回武将兵权，采行中央集权制，就是由他献计的。太宗即位，为宰相，封魏国公。赵普少习为官之事，对学术毫无研究，太祖劝他多读书，故晚年手不释卷，每日下朝回府，即闭门启箧取书而读。他死后，家人打开箱箧，发现有《论语》二十篇。真宗时，追封韩王。

②鲁论：指《论语》。汉代《论语》有《齐论》《鲁论》《古论》三种本子。《鲁论》二十篇，为鲁人所传。

③仕：为官。

④且：尚，尚且。

【解说】

此句以赵普为例，解析就连功业显赫的宰相也都好学不倦。

宋朝赵普（曾任中书令，后任宰相）好读论语，虽然贵为宰相仍然勤奋学习，并以"半部《论语》治天下"，传为美谈。

追求学问是永无止境的，一个人的努力和奋斗是不可中途终止的。活到老、学到老，一个人应该好学不倦，至死方休。

【故事】

官高不忘读《论语》

宋太祖赵匡胤

赵中令是指宋朝的赵普,他做到了掌理皇帝文书的中书令这个大官,白天处理国政,晚上仍然不忘读《论语》。

古人读书,有些是为了参加科举考试,希望考中进士,求得一官半职,而赵普已经做了那么大的官了,为什么还要读《论语》呢?

有一天晚上,宋太祖赵匡胤因为有国家大事,要和赵普商量,因此驾临赵普家中。看见赵普正在读《论语》,太祖很讶异地说:"《论语》小时候就读过了,为什么现在还读它呢?"

赵普回答说:"《论语》中有修身、齐家、治国、平天下的大道理。以前我以半部论语助您平天下,现在以另外半部论语助您安天下。"

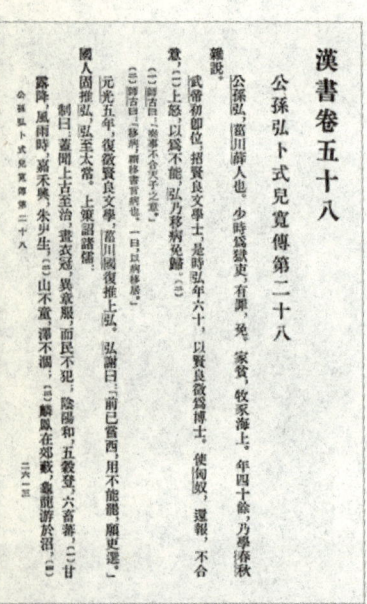

《汉书·公孙弘传》书影

公孙弘（前200—前121年），名弘，字季，今山东寿光人。公孙弘布衣封侯，官至丞相，位列三公。同时，他倡导儒学，精通《公羊春秋》，是我国两汉历史上著名的经学家。

【原文】

披蒲编①，削竹简②，彼无书，且知勉③。

【注释】

①披蒲编：披，剖，劈，劈开。劈断蒲草叶编订成册，以为书写。西汉钜鹿人路温舒，其父为里监门（守门的小吏），派路温舒去牧羊，他就摘取水泽中的蒲草叶子，裁成小片，再编订起来，然后把借来的书抄写在上面。

②削竹简：将竹子削去竹皮，制成简策。此句出典未详。旧注说："又有公孙弘，年五十矣，为人牧豕于寒竹林中，将竹削去青皮，借人《春秋》抄写，以便诵读。"

③勉：勤勉，努力。

【解说】

路温舒劈断蒲草叶编订成册，以供抄书阅读，公孙弘削去竹皮抄写借来的《春秋经》，他们两人都买不起书，但还不忘勤奋学习。

此句以汉朝的路温舒、公孙弘等人为例，育人、勉人不可因环境困难而放弃求取学识。路温舒和公孙弘在没有书本的情况下，想尽办法来学习，终于成为大学问家，为国家成就一番事业。我们今天能有印制精美的书本，学习条件和环境如此优越，更应该刻苦读书。

【故事】

路温舒编蒲抄书

路温舒是西汉时期一位著名的法学家。他

出生在一个穷苦的家庭里，因家里没钱供他上学，只好去当牧童，他对读书识字很感兴趣，白天放羊，没有机会学习，到了晚上，他就想尽办法求人教他识几个字。渐渐地，识字多了，读书的劲头也越来越大。他想：要是能有一册书带在身边，一边放羊一边读书，那该多好啊。可是他自己没有书，也没钱买书。

有一天，他在池塘边放羊，忽然看见池塘里长着一丛蒲草，又宽又长，不禁眼前一亮：这蒲草多像从前抄书用的竹简呀！他兴高采烈地割了一大捆蒲草，赶着羊群往家走。邻居们见了有些不解："蒲草既不能烧火，又不能喂羊，你割这么多回来做什么呀？"

路温舒编蒲抄书

路温舒笑着说："编书。"

一回到家，路温舒就开始行动了：他先将蒲草切得整整齐齐的，然后用线绳穿在一起，再向别人借来几本书，抄写在蒲草书上。从此他也有自己的书了，放羊时就可以随身带着阅读。

他的蒲草书读完了一册又一册，学识长进很快。由于读过的书里有不少法律书籍，因此在法学方面有了一定的造诣。后来他在监狱里做事，并潜心钻研法学著作，对当时的律令理解得十分透彻。

路温舒精通法律，曾上书汉宣帝，要求改革法律制度，提出了不少正确主张，为百姓做了许多有益的事情，成为了历史上一位有名的法学家。

中国古代教育智慧

苏秦刺股

【原文】

头悬梁①，锥刺股②。彼不教③，自勤苦。

【注释】

①头悬梁：把头发拴在屋梁上，强迫自己不打瞌睡，指孙敬的故事。孙敬是汉朝信都（今河北省冀县）人，十分好学，为避免晚上读书时打瞌睡，便把头发拴到屋梁上，这样一打盹儿，就会扯动头发而痛醒过来。见《太平御览·卷六一一》引晋人张方《楚国先贤传》。

②锥刺股：用锥子刺扎大腿，以消除睡意，指苏秦的故事。苏秦是战国时洛阳人，他到秦国去游说，希望求取官职，但秦王不用他。他落魄地回至家中，妻子和嫂嫂都对他面带不悦。于是他发愤读书，夜间疲倦想睡时，便用锥子刺大腿。见《战国策·秦策一》。

③不教：不用别人教导。

【解说】

此句以古人苦学之例勉励后人勤学苦读。

汉朝人孙敬，非常勤奋向学，每天读书都读到很晚，为了避免打瞌睡，于是在头发上绑了绳子，悬挂在头顶上方的木梁上，当他打瞌睡时，绳子扯动头发，就会因此痛醒，再继续用功。

战国时的苏秦，发愤勤学，每当他疲倦昏昏欲睡的时候，就用锥子刺自己的大腿，让自己清醒，提醒自己不能懈怠，他们这样刻苦用功，都不是别人要求、教导的，全是自动自发奋发图强的。

要想成为一个有学问的人必须自觉地刻苦读书。因为求知识这件事任何人也代替不了，只有通过自己努力才能学到。

【故事】

头悬梁 锥刺股

孙敬，字文宝，汉朝信都（今河北冀县）人。他年少好学，博闻强记，而且视书如命，晚上看书学习常常通宵达旦。邻里们都称他为"闭户先生"。

孙敬悬梁

孙敬读书时，随时记笔记，常一直看到后半夜，时间长了，有时不免打起瞌睡来。一觉醒来，又懊悔不已。有一天，他抬头苦思的时候，目光停在房梁上，顿时眼睛一亮。随即找来一根绳子，绳子的一头拴在房梁上，下边这头就跟自己的头发拴在一起。这样，打瞌睡时，头一低，绳子就会拽一下头发，一疼就会惊醒而赶走睡意。从这以后，他每天晚上读书时，都用这种办法，发愤苦读。

年复一年地刻苦学习，使孙敬饱读诗书，博学多才，成为一名通晓古今的大学问家，在当时江淮以北颇有名气，常有不远千里的学子，负笈担书来向他求学解疑、讨论学问。

从这以后，人们就把孙敬的"头悬梁"和苏秦的"锥刺股"这两个故事合在一起，作为一个成语，用来激励后人发愤读书。

中国古代教育智慧

车胤塑像

【原文】

如囊萤①，如映雪②，家虽贫，学不辍③。

【注释】

①囊萤：用袋子装萤火虫，取光读书，指车胤的故事。车胤是东晋时南平（今湖北省公安县东北）人，好学不倦，因家贫，不能常常买油来点灯读书，夏天的夜里，就用透光的纱囊装了许多萤火虫，以供照明。车胤官至吏部尚书，封临湘侯。《晋书》有传。

②映雪：利用雪光的反照来读书，指孙康的故事。孙康是晋京兆（今陕西省长安县东）人，家贫，买不起油来点灯，冬夜常借雪光苦读。后官至御史大夫。见后晋李瀚《蒙求·孙康映雪》。

③辍：终止。

【解说】

此句讲述了车胤和孙康在极端不利的条件下刻苦求学的故事。

晋朝时的车胤，由于家中贫苦，无钱买油点灯读书，于是他就捉些萤火虫放在网袋中，利用一闪一闪的微弱萤光来读书。另外一位名叫孙康，每到夜晚时，就利用雪地上的反光来读书，他们家虽穷苦，并没有停止学习，仍然能在艰苦条件下继续求学。

生活条件的富足与贫困，与求学的决心、毅力并无必然的关系，所以意志坚定的人，即使家境清寒，也可以通过各种方法来读书求学，将来也可以有所成就；而一般家庭的孩童们，拥有良好的读书环境，无忧无虑，更应该把握机会，上进不懈。

【故事】

囊萤映雪

车胤囊萤

晋代时，车胤从小好学不倦，但因家境贫困，父亲无法为他提供良好的学习环境。为了维持温饱，没有多余的钱买灯油供他晚上读书。为此，他只能利用这个时间背诵诗文。

夏天的一个晚上，他正在院子里背一篇文章，忽然见许多萤火虫在低空中飞舞。一闪一闪的光点，在黑暗中显得有些耀眼。他想，如果把许多萤火虫集中在一起，不就成为一盏灯了吗？于是，他去找了一只白绢口袋，随即抓了几十只萤火虫放在里面，再扎住袋口，把它吊起来。虽然不怎么明亮，但可勉强用来看书了。从此，只要有萤火虫，他就去抓一袋来当作灯用。由于他勤学苦练，后来终于做了职位很高的官。

同时代的孙康，自幼聪敏好学，但是家中一贫如洗，没有上学就读的机会，甚至连在家里挤点时间学习都不可能。因为他白天要帮家里干活，从早晨一直到太阳落山，都没有空闲时间。

孙康并不甘心就这样服服帖帖当时间的奴隶，他觉得自己年纪轻，精力旺盛，只要有学习的决心，总会挤出时间来的。于是，他开始利用夜间读书，可是晚上读书必须得点油灯，

中国古代教育智慧

孙康映雪

往往读一个晚上的书，就要用去一碗灯油，而家里那样困难，一个月怎能买得起这么多灯油呢？孙康知道家里的经济条件，每当灯油烧干以后，他便静静躺在床上，在床上背书和默记书中的要领。

一年冬天，天气格外寒冷，三天两头下一场大雪。冬夜，孙康盖着薄被正蜷缩在床上，面对着北风呼啸的窗口又在背书。背着背着，突然发现窗口越来越明亮起来，他甚至怀疑是到了快要出太阳的时候了，等他披衣出门一看，原来是下了大雪，是白雪把窗口映亮了。孙康心里想：既然白雪能映亮窗口，那一定也可以用积雪照着读书吧。想到这里，他便捧起书跑到门外，一个人蹲在雪地里，借着积雪映出的微弱亮光来读。孙康蹲在雪地里读书，虽然身上衣衫单薄，但由于他专心致志，注意力完全进入书里面去了，对于刺骨的寒风他全然不觉得，一直到了深更半夜，还在聚精会神地读着。

从这以后，只要有积雪，他就天天夜间去映雪读书。虽然说"穷人怕过三九天"，可是孙康却盼望每年的冬天早点到来，盼望下大雪。这种苦学的精神，促使他的学识突飞猛进，最后他也入朝为官，成为学富五车的一代名士。

【原文】

如负薪①，如挂角②，身虽劳③，犹苦卓④。

【注释】

①负薪：背负薪柴，柴火。指朱买臣的故事。朱买臣是西汉会稽吴（今江苏省吴县）人，字翁子。早岁家贫，靠卖柴维生。喜好读书，常肩挑柴薪，边走边读。后官至丞相长史（辅佐宰相的幕僚官）。《汉书》有传。

②挂角：挂书于牛角上。指李密的故事。李密是隋朝人，字玄邃，一字法主，京兆（今陕西省长安县东）人。小时候有志向学，想前去缑山拜包恺为师，去时坐在牛背上，牛角上挂一部《汉书》，一面走一面读。后聚众起义，被推为王。《新唐书》有传。

③劳：辛劳。

④苦卓：在劳苦中卓然自立。

【解说】

此句以汉朱买臣及隋唐李密为例，解析上进的人绝不会放过任何学习的机会。

汉人朱买臣家境贫寒，以砍柴为生，却常常利用砍柴的间隙读书，每次背柴回家的路上，都是一路背诵。

隋朝的李密，平日为人放牛，却仍一心向学，常常把书挂在牛角上苦读。朱买臣和李密，一个打柴一个放牛，生活都非常贫苦，但能自己发奋读书，后来都成为很出色的人。他们为了谋生虽然身体劳苦，依然坚苦卓绝地求学，奋发向上的精神，值得我们学习效法。

朱买臣墓

中国古代教育智慧

朱买臣读书台

【故事】

负薪挂角

汉朝人朱买臣靠着上山砍柴维持生活。他砍柴的时候,把书放在树下读,担柴回家的时候,则把书悬在担头上,一路读诵着回家。

他的妻子崔氏受不了贫苦的生活,想要改嫁,买臣劝她说:"我五十岁的时候,就可以显达了,你暂且忍耐,不要烦恼。"崔氏不听,竟然自己再嫁了。

崔氏改嫁后不到五年,朱买臣在汉武帝朝中做了官,担任会稽太守,上任时穿着官服,仆从前呼后拥,车马纷纷。当他回家祭祖时,经过崔氏旁边,崔氏看见了想要与朱买臣破镜重圆,朱买臣就对她说:"我当初劝你不要改嫁,你再三不从,如今看见我荣耀了,却想再认我为夫。你去拿一盆水来,倒在马前,若你收得起来,我就收你为妻。"这也是"覆水难收"的由来。

李密,字玄邃,一字法主,京兆长安人,祖籍辽东襄平(今辽宁辽阳南),祖上是北周和隋朝的贵族。李密少年时代,曾在隋炀帝的宫廷里当侍卫。他生性灵活,在值班的时候左顾右盼,被隋炀帝发现了,认为这孩子不大老实就免了他的职。李密并不懊丧,回家后发奋读书,因以放牛为生,常坐在牛背上读书。

有一次,李密听说缑山有一位名士包恺,就前去向他求学。李密骑上一头牛出发了,牛背上铺着用蒲草编的垫子,牛角上挂着一部《汉书》。李密一边赶路一边读《汉书》,正巧越国公杨素骑着快马从后面赶上来,勒住马赞扬他:"这么勤奋的书生真是少见!"李密一看是越国公,赶紧从牛背上跳下来行礼。为此《新唐书·李密传》记载:"闻包恺在缑山,往从之。以蒲鞯乘牛,挂《汉书》一帙角上,行且读。"

李密挂角塑像

李密谈吐不俗,深深吸引了杨素。回家以后,杨素对儿子杨玄感说:"我看李密这个人的学识才能,都在你兄弟之上,将来你们有事可以与他商量。"

大业九年(613年)李密参与杨玄感起兵反隋。杨玄感兵败被杀,李密逃亡,后加入瓦岗军,人称魏王。李密发布讨伐隋炀帝的檄文,数说杨广的十大罪状。其中有"罄南山之竹,书罪未穷;决东海之波,流恶难尽"的话。意思是,用尽南山的竹子作竹简也写不完他的罪行,决开东海的水也洗不尽他的罪恶,为后世留下了"罄竹难书"的成语。

中国古代教育智慧

苏洵

【原文】

苏老泉①，二十七，始发愤②，读书籍。

【注释】

①苏老泉：即苏洵（1009—1066年）。北宋文学家，字明允，号老泉，四川眉山人。二十七岁才开始努力读书，后得欧阳修推荐为官，以文章著名于世，为唐宋八大家之一。见《宋史·文苑传》。

②发愤：自己感到有所不足而力求上进。

【解说】

此句解析只要立志勤奋用功，年龄的大小并不重要。换句话说，只要读书求学，永远不嫌太迟。

宋代著名文学家苏洵和他两个儿子苏轼和苏辙，是我国文学史上十分著名的人物，他们的学问都很高，文章也都写得很好，被后人合称为"三苏"，也是"唐宋八大家"里的三位人物。

【原文】

彼既①老②，犹悔迟③，尔④小生⑤，宜早思。

【注释】

①既：已，已然，已经。

②老：老大。指年岁不小。

③迟：晚。

④尔：与你、汝同义。这里指"你们"。

⑤小生：后生小辈，青年小生。

【解说】

此句承接上句,训勉孩童应珍惜光阴,及早努力,早日成才。

苏洵到了二十七岁才省悟到读书的重要性。此时年岁已经不小,后悔自己读书太晚。你们这些后生小辈,年纪轻轻,更应该早做打算,把握现在的大好时光,发奋读书,早日成才,才不至于将来后悔。

我们年纪轻轻,应该有所警惕,及早用功读书。现在开始用功是绝对来得及的。年轻时候记忆力强,又有父母照顾,不必为生活发愁,读书求学自然事半功倍。所以有志向的人,应该把握机会、及早努力,要认识到读书学习对我们人生的重要性,要打好坚实的知识根底,长大以后才能为社会做出应有的贡献。

宋太宗赵光义

【原文】

若梁灏①,八十二,对大廷②,魁多士③。

【注释】

①梁灏:《宋史》作"梁颢"。宋郓州须城(今山东省东平县东)人,字太素。太宗雍熙二年(985年)进士,殿试第一。曾做过右谏议大夫、同知审官院等官,真宗景德元年(1004年),权知开封府,后得病而卒。有文集十五卷。《宋史》本传说他九十二岁。

②对大廷:对,对答,应答。大廷,朝堂,朝廷。

③魁多士:魁,首选,第一。犹言冠。多士,众多人才。

中国古代教育智慧

父子状元牌坊

梁灏之子梁固后来也中了状元,"父子状元"举世少见。宋金以来,为其修建"父子状元"牌坊,原址在今州城镇牌坊街。原为木质结构,规模较小。清康熙五十八年(1719年),兖州太守金一凤以坊倾圮奉旨重修石坊,并题联曰:"是父是子同作状头千载少,为卿为相流传历代一门多。"

【解说】

此句以梁灏大器晚成为例,鼓励孩童读书要有毅力。

五代时,后宋的梁灏八十二岁还能考中进士,而且在朝廷的殿试中对答如流,脱颖而出,成为状元。

所以,我们读古书时,切不可人云亦云,而应慎思明辨;读书求学,永远不要嫌晚,只要肯努力上进,总会有成功的一天。有志者事竟成,凡是立定的志愿,只要坚持不懈,努力去做,一定会成功的。

【故事】

梁灏八十二岁中状元

梁灏,字太素,今东平州城人,出身官宦之家。曾祖名涓,唐朝末年考取明经科,任成武县主簿。祖名维忠,历任邓州司户参军、须城县令,天平军节度判官等职,因官徙籍东平,为梁氏迁入县境之始。

梁灏少年丧父,由叔父抚养成人。自幼专志好学,拜依名家王禹为师。初学求知欲高,常以疑义向王请教,王以浅薄,拒不解答。此后,梁灏发奋读书,数月后,又提出问题请教,深得老师器重。

年轻时屡次进京应试,俱是名落孙山。但他不灰心,志不冷,每榜考试必定参加,落榜后继续发奋读书,在八十二岁时中了状元。

白首穷经，少伏生八岁；
青云得路，多太公二年。
——梁灏自题

他在上皇帝的谢表中，经过精心的构思，写了这副精巧的对联。这副对联写出梁灏中状元时的心境，同时也表现了他那种虽老犹不服老的精神。对联的大意是：我梁灏年纪虽比姜太公入仕时大二岁，但比伏生成名时还小八岁嘛（姜太公、伏生俱是古代名臣），这副对联在艺术构思上是值得借鉴的。

姜太公

中国古代教育智慧

甘罗塑像

甘罗出身于当时秦国的名门,是秦武王左相甘茂的孙子,年十二事秦相吕不韦,为秦国使于赵国,赵王不但躬亲郊迎,而且在甘罗的伶牙俐齿之下,心甘情愿地割五城以事秦。结果,未费一兵一卒而净得五城。甘罗回到秦国之后,就被高拜为上卿。

【原文】

彼①既成②,众称异③,尔小生,宜立志。

【注释】

①彼:他。指梁灏。

②成:成就。指功成名就。

③异:奇异,奇特,不凡。

【解说】

此句以梁灏为例,勉励孩童早立志,早成才。

像梁灏年纪虽大还在用功,大家都称赞他不平凡,钦佩他的好学不倦。而我们这些年轻学子应该趁早立定志向,努力用功,将来的成就一定不可限量。梁灏尚能够大器晚成,后生小辈若能立志发奋,将来的成就当不可限量。

【原文】

莹①八岁,能咏诗②;泌③七岁,能赋棋④。

【注释】

①莹:指祖莹。字符珍,北齐范阳道(今河北省涞水县北)人。八岁能诵《诗经》《尚书》。十二岁时为中书学生,喜读书,内外亲属都叫他"圣小儿"。因有才名,拜为太学博士,后来屡次升官,曾任国子祭酒、领给事黄门侍郎、幽州大中正、秘书监、车骑大将军。死后,追封为尚书左仆射、司徒公。

②咏诗:此处指咏诵诗经。咏,咏诵。

③泌:指李泌。字长源,唐京兆(今陕西省长安县东)人。七岁能写文章。一日,玄宗皇帝与燕国公张说下棋,召李泌到宫廷来,要

试试他的才学。张说请他发挥"方圆动静"四字的意义,并先举一例说:"方若棋局,圆若棋子;动若棋生,静若棋死。"李泌随口回答说:"方若行义,圆若用智;动若骋材,静若得意。"张说誉为奇童,帝赐锦帛。天宝中,以翰林供奉东宫,历仕玄、肃、代、德四朝,于德宗时拜相。

④赋棋:借棋法说理。赋,铺陈申述。

【解说】

此句以祖莹及李泌能咏诗赋棋为例,解析小孩若能及早用功,就会有杰出的表现;长大以后,也可以建功立业,名垂后世。

北齐有个叫祖莹的人,八岁就能吟诗,后来当了秘书监著作郎。另外唐朝有个叫李泌的人,七岁时就能以下棋为题而作出诗赋。祖莹和李泌两人很小就显示出惊人的才华。这和他们的智慧是分不开的。祖莹和李泌学习非常刻苦,每天几乎是手不释卷。

【故事】

李泌赋棋

李泌生于唐玄宗开元十年(722年),开元十六年(728年),刚刚七岁的李泌就能为文赋诗,一次儒、道、释三教学者聚会,玄宗把他也召入宫中,而此时的李泌就以非凡的文学才能征服了与会的君臣。《新唐书·李泌传》记载:"泌既至,帝方与燕国公张说观

唐玄宗

中国古代教育智慧

邺侯书院

邺侯书院,原名端居室,是唐朝宰相李泌隐居的地方。李泌死后,其子李繁在南岳的左侧修了个书院纪念他,叫作南岳书院。南宋时,又被迁到集贤峰下,改为邺侯书院。

弈,因使说试其能。说请赋'方圆动静',泌逡巡曰:'愿闻其略。'说因曰:'方如棋局,圆若棋子,动若棋生,静若棋死。'泌即答曰:'方若行义,圆若用智,动若骋材,静若得意。'"张说是当时一位才华横溢的名诗人,被时人称为"燕许大手笔",他与李泌的这两首小诗都是即兴之作,相比之下,七岁李泌的作品在立意方面远远超过已经五十多岁的张说的作品。也难怪诗成后,"说因贺帝得奇童,帝大悦曰:'是子精神,要大于身。'赐束帛,敕其家曰:'善视养之。'"(《新唐书·李泌传》)其后,重臣张九龄、严挺之等对他都非常器重。七岁儿童就能受到朝廷君臣的一致重视,这在中国历史上是极为罕见的。

【原文】

泌颖悟①，人称奇②，尔幼学③，当效④之。

【注释】

①颖悟：颖，聪颖。悟，领悟。
②奇：奇特，特异，不平凡。
③幼学：初入学，刚刚上学。
④效：学习，仿效，效法。

【解说】

此句勉人要以祖莹和李泌为模范。

祖莹和李泌聪慧过人，大家都称赞他们是奇才。你们应当能从小努力，以他们为模范，好好地学习效法。虽然祖莹和李泌从小就特别聪明，但是如果不知努力，聪明反而会被聪明耽误的。所以你们现在求学，也应该效法他们，除了运用聪明才智外，更要努力用功求进步，才能有所作为。正如颜渊曾经说过："舜何人也？予何人也？有为者亦若是。"只要我们见贤思齐，努力上进，将来的成就也是不可限量的。

蔡邕

【原文】

蔡文姬①，能辨琴②，谢道韫③，能咏吟④。

【注释】

①蔡文姬：即蔡琰（162—239年）。东汉女诗人。字文姬，蔡邕之女。博学有才辩，又精通音律。初嫁河东卫仲道，夫死无子，回到娘家。兴平年间，天下大乱，文姬为匈奴骑兵擒获。嫁给南匈奴左贤王，在胡地住了十二

中国古代教育智慧

咏絮才女谢道韫

年,生二子。后来曹操把她赎回,不久再嫁董祀。有《悲愤诗》二篇传世,相传乐府琴曲《胡笳十八拍》也是文姬所作。

②能辨琴:能够辨识琴谱。史书记载:一日蔡邕在家弹琴,第二根弦突然断了,文姬在旁说:"断的是第二根弦。"蔡邕认为她只是碰巧猜中罢了,于是又故意弹断一弦,文姬说:"第四根弦。"说得一点不差。见《后汉书·列女传·又妙于音律·注》引刘昭《幼童传》。

③谢道韫:东晋才女。谢奕之女,嫁与王凝之为妻。聪敏多识,有才智,善于辩说。神情散朗,举止闲雅。工诗文,惜多亡佚。

④能咏吟:指能作诗。《晋书·列女传》记载:一日家人齐聚,适逢大雪飘飞,叔父谢安问大家:"这景象像什么啊?"侄儿谢朗说:"散盐空中差可拟。"道韫说:"未若柳絮因风起。"谢安大悦。于是大家都称她为"咏絮才"。咏,背诵,吟咏。

【解说】

以蔡文姬、谢道韫为例,解析女子中也有才智不凡者。

东汉末年的蔡文姬,从小便能分辨琴声的好坏,晋朝宰相谢安的侄女谢道韫能出口成诗。

在封建社会,女人没有地位,人们认为"女子无才便是德",一个女孩子要读书学艺是非常困难的,蔡文姬和谢道韫两人都是女子,可以想见她们在当时学习是多么不容易。

【故事】

蔡文姬六岁辨琴

蔡琰(162—239年),字文姬,东汉陈留(今河南杞县南)人,我国古代著名的才女,博学有才辩,通音律。她六岁辨琴的故事,曾在民间广为传颂。

文姬小时聪慧过人。一天深夜,她被铿锵有力的琴声吵醒了,便侧耳谛听起来。原来文姬的父亲蔡邕几乎把毕生精力都用在了研究和整理古代经典书籍方面,平时常常写作到深夜。他就用弹奏乐器来减轻过度的精神疲劳,以便在片刻休息之后继续写作。忽然,"嘣"地一声响,父亲弹奏的琴弦断了一根。小文姬为了在父亲面前显露一手,便向书房里的父亲大声喊:"我猜您弹断的是第二根弦,对不对?"蔡邕大吃一惊,问:"我儿怎么还没睡觉?你再猜猜我又弹断的是第几根?"父亲想试试女儿的判断力,便又拨断了一根弦。小文姬听后大声说:"又断的一定是第四根弦,对不对?"

"对,对。"父亲高兴极了,又问,"你是怎么猜出来的?"

小文姬很不以为然地说:"哪里是猜的?七根琴弦我都能听出来。您信不信?"

"信,信。"父亲说,"你真聪明,六岁

文姬辨琴图

蔡文姬墓

就有这么好的乐感。只要努力,你将来一定能成个大音乐家。"

小文姬说:"古代的季札听琴,能判断国家的兴亡,师旷听琴能断定国家就要打仗,我一定要像他们一样。"

在父亲的精心培育下,文姬从此便进一步投入勤学苦练中,后来真的成了七弦琴高手。东汉末年政治动乱。不久,匈奴大举入侵中原,文姬不幸被掠到北国,在大草原上熬过了几度春秋。她思念故国亲人,总是用深沉的七弦琴音排遣内心的忧郁。后来曹操当上了汉丞相,他用重金从匈奴赎回了文姬,想让她继续整理其父生前没有完成的古文典籍。

蔡文姬忍痛留下在匈奴所生的一儿一女,在回归途中,创作了悲切深沉的《胡笳十八拍》,被后人誉为千古绝唱,流芳万代。

【原文】

彼女子,且聪敏①,尔男子,当自警②。

【注释】

①聪敏:聪慧,聪明,敏慧。

②自警:自我提醒,自我警惕。

【解说】

在古代社会中,由于男女并非平等,甚至认为"女子无才便是德",所以一般家庭都不鼓励女孩识字读书,而书塾所收的学生,也都只有男孩。蔡文姬、谢道韫是女孩子,尚且聪明、敏慧,你们身为男子,更应当时时警惕,充实自己才对。

像这样的两个女孩子,一个懂音乐,一个会作诗,天资如此聪慧;身为一个男子汉,更要时时警惕,好好努力。

当然,现在男女平等了,女孩子也能上学读书,这是社会的进步。而我们更应该珍惜社会给我们创造的良好的学习环境,无论男孩、女孩都应刻苦努力,多学知识,将来成为对国家有用的人。

刘晏

【原文】

唐刘晏①,方②七岁,举神童③,作正字④。

【注释】

①刘晏:唐朝政治家,字士安,曹州南华(今河北省东明县)人。年七岁,通过神童科考试,受封在掌管图书的秘书省里做正字的官。后迁为夏县令,有贤能之名。玄宗天宝中

中国古代教育智慧

刘晏雕塑

举贤良方正制科，历肃宗、代宗朝，官至吏部尚书、平章事，并管理财政达二十年，贡献很大。《新唐书》《旧唐书》都有传。

②方：才，刚，刚刚。

③举神童：指通过神童科考试。神童，唐代科举考试名目之一。唐代设童子科，赴考者称："应神童试"。凡十岁以下能通一经及《孝经》《论语》，每卷背诵经文十篇的就赐予官职，能背诵七篇的便赐予录用资格。

④作正字：做"正字"的官。正字，官名，掌理校雠典籍、刊正文字等事务。唐时属秘书省。

【解说】

此句以唐朝刘晏为例，解析孩童只要有才学、努力读书，也可以立功成名，报效国家。

唐玄宗时，有一个名叫刘晏的小孩子，只有七岁，就通过童子科的考试，被推举为神童，并且做了翰林院负责校对典籍、刊正文字的官。刘晏有一次回答唐玄宗提出的问题时，曾说："臣凡'四书''五经'都能正，只一个'朋'字正不了。"后来玄宗一查证才知道，原来当时朝廷里很多人朋比为奸，所以刘晏说无法正"朋"字，就是这个道理。

【原文】

彼晏幼，身已仕，尔幼学，勉而致①。

【注释】

①致：到达。

【解说】

此句承接上文，以为例，勉励学子不可妄自菲薄。

刘晏虽然年纪小，却已经任职为官，你们初入学的人，只要勤勉努力，只要勤奋好学，也可以和刘晏一样名扬后世。正如刘晏长大以后，当了唐代宗的宰相一样。在他任职期间，非常爱民，为老百姓做了不少好事。这和他从小立下的志向是一致的。我们也应该和他一样从小立下志向，肯努力、肯吃苦，也可以获得很高的成就。

【原文】

有为者①，亦若是②。

【注释】

①有为者：有志气、肯努力，肯付出的人。《孟子·滕文公上》："颜渊曰：'舜何人也？予何人也？有为者亦若是。'"

②若是：像他们一样。是，指能像上述诸圣贤一样流芳百世。

【解说】

大发明家爱迪生曾经说过：成功是靠"99％的辛勤血汗，加上1％的天才灵感"，这样说来，努力奋斗是成功与否的最大关键。一个有志气、肯努力的人，也都可以像他们一样流芳百世，名垂千古。

因为我们一般人的智能，其实都不会相差太多。所以，别人能够成功，你也应该可以做到，问题是在于决心、毅力是否足够而已。

【原文】

颜渊

颜渊（前521—前481年），名回，字子渊。春秋末期鲁国人。在孔门弟子中，颜回最称高足，其品德与学业均翘居群首，是孔子多次赞许的弟子。

中国古代教育智慧

雄鸡报晓剪纸

犬守夜①，鸡司晨②。苟不学，曷③为人④？

【注释】

①守夜：在夜间守备，防卫。

②司晨：负责报晓。

③曷：何，为何。

④为人：称为人，作为人。

【解说】

犬在夜间守备，鸡在天将亮时报晓。如果人不能善用禀赋，不晓得读书上进，只是苟且度日，没有知识本领，连鸡犬都不如，还有什么资格称作人呢？

鸡和犬都是畜生，尚且懂得为人类服务，成为人类的好帮手。我们人类号称万物之灵，是有思维能力的，大自然赋予人的使命当然是掌握各门知识去征服自然。但是如果我们不知长进，苟且度日，甚至危害社会，真是连鸡、犬都不如了。所以我们从小要读书求学，并虚心听从师长的教诲，在修养品德和求取学问两方面下苦功，将来才能成大器。

【原文】

蚕①吐丝，蜂酿蜜②。人不学，不如物③。

【注释】

①蚕：一种能吐丝结茧的虫，是蚕蛾的幼虫，所吐的丝可制成高级织物。蚕初孵化时极小，经四次蜕皮便长大到四厘米至五厘米。每次蜕皮时体微透明，停止活动，也不食桑叶，称为蚕眠。第五龄后一周，即吐丝制茧而化为蛹，再经过一段时间便成蚕蛾，破茧而出。

②蜂酿蜜：蜜蜂将所采回的花蜜和花粉吐在蜂巢中，加以贮存，等它发酵及浓干后，用蜡封起来，即成蜂蜜，以备冬天食用。人们把蜂巢里的蜜取来，以供食用及药用。

③物：动物。这里指蚕和蜂。

【解说】

在动物中，非但鸡犬能够为人服务，就连蚕、蜂等小动物都知道辛勤工作，自食其力，人如果不肯勤学，无益于世，那就连蚕、蜂这样的小动物都不如了。

人类只有通过不断学习，才能掌握前人留下来的知识，并以此来开拓更深、更广泛的知识领域，不断地改善人类自身的生存和生活环境。

小蜜蜂采蜜忙

【原文】

幼而学，壮①而行②。上致君③，下泽民④。

【注释】

①壮：大，长大。

②行：做，身体力行，实践。

③致君：指辅助、辅佐君主，以达于清明之治。节用杜甫《奉赠韦左丞丈二十二韵》诗："致君尧舜上，再使风俗淳"诗意。"致"在这里是"使之到达"的意思。

④泽民：恩泽施于百姓。即造福百姓。

中国古代教育智慧

吴川状元坊

状元坊系纪念清代道光三年（1823年）村人林召棠殿试被钦点状元，于民国八年（1919年）所建。

【解说】

一个人在年纪小的时候就应努力读书，长大后实践所学的道理。求学的目的，固然是要求取学识，以提升个人生命的层次，另一方面也是更为重要的方面是，能够学有所用。我们一切的成就，从大的方面来说，对上可以报效国家，为国争光，对下能恩泽百姓；从小的方面来说，也可以学以致用。

学习的目的在于应用，如何把学到的知识为大众服务，不枉费自己一生所学，对后人也有所帮助，首要的问题是理论与实际的结合。用所学的知识解答生活中的实际问题，并在实践中加深理解。

【原文】

扬名声①，显②父母。光于前，裕于后③。

【注释】

①名声：名誉，声望。

②显：显扬。

③光于前，裕于后：即光前裕后。指光耀祖宗而恩泽流传及于后世。光，荣耀，光耀。前，指祖先。裕，富足有余，富饶。指福荫。后，指后世子孙。

【解说】

我们立身行道，固然不是为了博取别人的赞誉，但是当我们事业有成，对国家和人民做出应有的贡献，别人也会对我们的成就予以肯定和赞美。我们的父母看到儿女成才，能够顶天立地，光宗耀祖，知道心血并没白费，当然会感到十分欣慰，所以《孝经》上说："立身行道，扬名于后世，以显父母，孝之终（最高的境界）也。"

另外，人类能够不断进步，完全在于智能与经验的累积。我们今日的种种成就，完全是建立在祖先的成果上，因此，我们应该提倡一种奉献的精神，我们的学识是奉献的资本，谁的学识越多，谁的奉献就越大。人民就把更多的荣誉献给他们。我们也有责任为后世子孙谋福利，绝不能向历史交白卷。这就是宋儒张载所说"为往圣继绝学，为万世开太平"的意思。唯有一代一代地承先启后，将智能与经验星火相传，人类的文明才会不断地进步与发展。

《汉书》书影

【原文】

人遗①子，金满籝②；我教子，惟一经③。

【注释】

①遗：遗留，留给，存留。

②籝：箱笼。

③一经：《汉书·韦贤传》记载韦贤生性淳朴，笃志于学，兼通《礼》《尚书》等经，以教授《诗》著名，号称"邹鲁大儒"。宣帝时为丞相。少子玄成后来也以"明经"而官至丞相。邹鲁一带的俗谚说："遗子黄金满籝，不如一经。"此处借指《三字经》。

【解说】

此句解析父母爱护子女，不在于给他们物

中国古代教育智慧

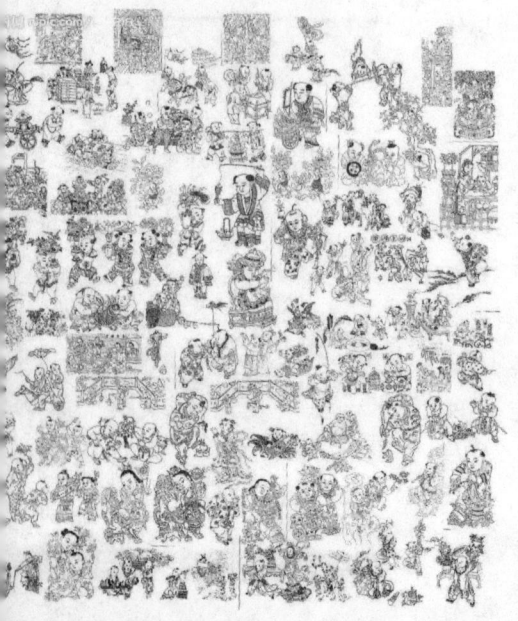

儿童嬉戏图

质上的满足,而是要让他们接受良好的教育。

一般人留传给子孙的,可能是大量的财富。但钱总有用完的一天,到那时,一无所长什么也不会干,反而害了他们。因而钱未必能保证他们将来生活无忧无虑,因为如果子孙不孝,或是遭逢战乱,财产也是不可长保的。然而,一个有学识、有头脑,而且谦恭勤俭,深受上司、朋友、同事敬重的人,无论世局如何多变,环境如何恶劣,他都能够安身立命,有所发展。因此,我只留下这一部《三字经》给子孙后代,用来教导子孙好好读书,明白做人处世、待人接物的道理。长大后做个有所作为的人,这才是取之不竭的财富。这样,他们就可以终身受用不尽了。

【原文】

勤有功①,戏②无益③。戒之哉④,宜勉力⑤。

【注释】

①功:成功,成效。

②戏:嬉戏,玩耍。

③益:收益,好处。

④戒之哉:要以这两句话来警惕自己。戒,警戒,警惕。之,代名词,指"勤有功,戏无益"。哉,语气词,相当于"啊"。

⑤勉力:努力。

【解说】

此句再度勉人勤学，以作为全书的总结。

一个人，无论是聪明还是愚拙，只要勤勉好学，而且能持之以恒，必会有所进步；倘若一味嬉游玩耍、无心向学，绝对不会有好处。

你们要拿这两句话来警惕自己，要时刻提醒自己，珍惜大好的时光，持之以恒地读书学习，那么你们就一定会得到丰厚的收获，你的思想和学识就越加丰富，你也将会做出更多贡献，这样才不枉人生在世。

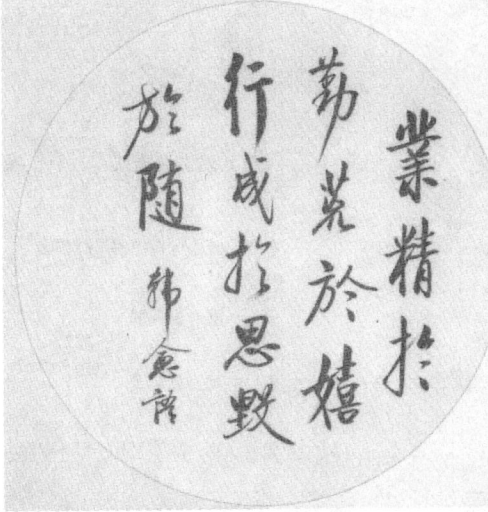

业精于勤荒于嬉